WILEY FINANCE

2012年度国家出版基金资助项目

国家出版基金项目
NATIONAL PUBLICATION FOUNDATION

"十二五"国家重点图书出版规划项目
当代财经管理名著译库

THE FRANK J. FABOZZI SERIES

U0656998

威立金融经典译丛·法伯兹系列

（美）大卫·J.林恩　蒂姆·王　著

郭红　孟昊　译

Emerging Market Real Estate Investment
Investing in China, India, and Brazil

David J.Lynn　**Tim Wang**

新兴市场房地产投资
在中国、印度和巴西的投资

东北财经大学出版社
Dongbei University of Finance & Economics Press
大连

WILEY

ⓒ 东北财经大学出版社 2012

图书在版编目（CIP）数据

新兴市场房地产投资：在中国、印度和巴西的投资／（美）林恩（Lynn, D. J.），（美）王（Wang, T.）著；郭红，孟昊译.—大连：东北财经大学出版社，2012.6
（威立金融经典译丛·法伯兹系列）

书名原文：Emerging Market Real Estate Investment：Investing in China，India，and Brazil

ISBN 978-7-5654-0824-3

Ⅰ.新… Ⅱ.①林…②王…③郭…④孟… Ⅲ.①新兴市场−房地产投资−投资分析−中国②新兴市场−房地产投资−投资分析−印度③新兴市场−房地产投资−投资分析−巴西 Ⅳ.①F299.233.5②F299.351.335③F299.777.335

中国版本图书馆 CIP 数据核字（2012）第 110142 号

辽宁省版权局著作权合同登记号：图字 06-2012-22 号

东北财经大学出版社出版
（大连市黑石礁尖山街 217 号 邮政编码 116025）
教学支持：(0411) 84710309
营 销 部：(0411) 84710711
总 编 室：(0411) 84710523
网 址：http://www. dufep. cn
读者信箱：dufep@dufe. edu. cn

大连美跃彩色印刷有限公司印刷 东北财经大学出版社发行

幅面尺寸：170mm×240mm 字数：198 千字 印张：10 1/4 插页：1
2012 年 6 月第 1 版 2012 年 6 月第 1 次印刷

责任编辑：刘东威 高鹏 吉扬 责任校对：那欣 刘洋
封面设计：冀贵收 版式设计：钟福建

ISBN 978-7-5654-0824-3

定价：30.00 元

声　明

　　本书既不是投资建议，也不试图提供或劝说读者买卖任何金融工具。虽然合理审慎地确保在出版时本书所包含的信息是真实的或者不会误导读者，但作者没有说明此书是正确无误的或者是完善的。本书用于预测的假设条件基于大量的经济和金融变量。这些变量易于变动，并且会影响预测的可能结果。文中所涉及的信息如有变动，恕不另行通知。读者应用本书或参考本书内容而产生的任何直接或间接损失，作者概不负责。本书的版权和数据受到知识产权保护，未经作者（以及约翰·威立父子有限公司）许可，任何人不得出于任何目的复制、散发或出版本书。作者保留本书相关的一切权利。本书所涉及的任何投资可能包含重大风险，不一定适用于所有的司法管辖权，可能流动性很差，可能不适合所有的投资者。本书涉及的投资价值或者收益是波动的，并/或受到汇率变动的影响。以往的业绩并不代表未来的成果。投资者应该制定自己的投资决策，而不是依赖本书。只有具备丰富的金融市场知识和实践经验以评价其价值和风险的投资者，可以考虑任何一种在本书中讨论的投资，而其他人不应该基于本书进行任何投资。其他信息可向我们咨询。此时此刻，作者可能正买、卖或者持有大量多头或空头，出席发行人的董事会，以及/或者参与本书所提及的证券市场交易。

译者前言

大卫·J. 林恩博士和蒂姆·王博士的著作《新兴市场房地产投资》是研究国际房地产投资，特别是新兴市场房地产投资的权威性著作。该书的作者是房地产投资领域，特别是投资策略及投资组合管理方面的权威专家。大卫·J. 林恩博士是 ING Clarion Partners 公司的常务董事、研究与投资策略部主任和资产组合全面战略经理。蒂姆·王博士是 ING Clarion Partners 公司的高级副总裁、研究与投资策略部高级投资策略制定人。他们都曾出版过大量有关房地产投资策略及市场研究的文章和著作。

近年来，随着中国、印度和巴西等新兴市场国家经济的快速增长，这些国家出现了大量的房地产投资机会。《新兴市场房地产投资》一书专门针对中国、印度和巴西的房地产市场，基于深刻的见解和专业的建议，深入探讨了这三个国家的经济、法律和制度环境以及投资重点，详细阐述了在新兴市场进行商业房地产投资的投资策略和分析方法。全书既有对新兴市场房地产投资背景的详细介绍，又有对高端问题的深入解读，从而使读者能够全面了解新兴市场房地产投资的概况。当然，由于作者身处美国，对于中国国情和经济发展状况的了解渠道有限，所以有些数据是不准确的，但作为研究参考是有价值的。

本书的翻译工作由天津财经大学金融系郭红和孟昊全面负责。具体分工如下：序言由刘玉娟翻译，第 1 章由孟昊翻译，第 2 章由郭红翻译，第 3 章由郭红（第3.1 节、3.2 节、3.3 节、3.5 节、3.6 节、3.7 节）、杨丽丽（第 3.4 节）翻译，第 4 章由魏红秀（第 4.1 节、4.2 节）、郭红（第 4.3 节、4.4 节、4.5 节、4.6节）、位石妹（第 4.7 节）翻译，第 5 章由郭红（第 5.1 节、5.2 节、5.3 节、5.4节）、胡文伟（第 5.5 节、5.6 节）翻译，附录 A、附录 B 由胡文伟翻译。最后由郭红、孟昊负责统稿和校对。

限于译者的水平，翻译中的错误疏漏之处在所难免，恩请广大读者批评指正。

译 者

2012 年 4 月

序　言

本书主要关注中国、印度和巴西的私募股权房地产投资。近年来，"金砖"国家，即这三个国家加上俄罗斯，备受关注。有些分析师已经提出，到 2050 年，中国、印度和巴西将成为世界最大的经济体。[①] 这几个国家占据世界陆地面积相当大的比例，拥有世界 30% 的人口以及合计 12.4 万亿美元的 GDP（PPP）。它们是世界最大、经济增长速度最快的新兴市场。

由于中国、印度和巴西更具新兴市场的典型特征，如长期增长的庞大的年轻人群以及更为深化和多样化的经济，因此，我们决定本书不包括俄罗斯。俄罗斯的人口状况（人口老龄化和下降）、欠缺多样化的经济等问题，使我们将其在本书中略去。

本书的一个目标是找到在新兴市场进行商业房地产投资的一般方法。我们相信通过对这三个最大的新兴市场的讨论，能够列举出一些可以应用于新兴市场房地产的一般方法、策略和分析技巧。

与其他国际房地产投资的研究有所不同，本书主要关注广义的投资问题和策略，以及经济和法律/制度因素，而不是对当地市场微小细节的分析。一个根本的观点是：房地产是整体经济和制度框架的衍生品，并只能基于此来理解房地产需求的驱动力。我们的分析和建议是务实、精炼并具有可行性的。

除非有特殊需要，我们并没有专门深入探究大量的具体细节。例如，当前的资本价值和租金率——其定价主要受短期变动的影响，而我们则关注于定价和价值的决定性因素。

本书的主要读者是外国商业房地产投资者。然而，国内投资者也能发现本书的可取之处，因为本书涵盖了许多与外国投资者所面对的相同的问题、机会和障碍。

本书的研究以直接数据源、第三方报告和实地调研为基础。实地调研对于发展我们的务实的策略性方法是非常必要的。实地调研包括收集并整理数据和仅在当地市场有用的信息。我们也会对当地的、区域的以及全国的房地产投资者、开发商、经纪人、顾问、政府官员、建筑师／设计师、经济学家以及其他涉及商业房地产价值创造过程的代理商进行数以百计的个人和电话采访。

我们依据自上而下和自下而上的研究来设计本书。我们相信这种方法在所有严谨的房地产分析中是基本而必要的（见图表 P.1）。经济、政治、人口以及制度性的宏观经济因素对商业房地产非常重要，特别是在新兴市场。自上而下分析的部分

---

① Goldman Sachs, Dreaming with the BRIC: The Path to 2050. Global Economic Paper No. 99, 2003.

包括法律、制度和监管因素，这些因素是投资结构和投资收益预期的基础。例如，商业房地产投资的法律限制使得某些物业类别和策略几乎完全取消了对外国房地产投资的限制。自下而上的分析包括子市场经济状况、房地产基本面以及物业特定的因素，如资本价值、运营收入以及其他当地或物业水平的数据等。

图表 P. 1　　　　　　　　　　　**自上而下和自下而上的方法**

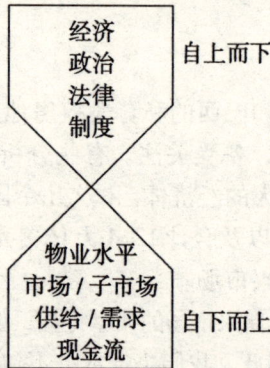

```
      ┌─────────┐
      │  经济   │
      │  政治   │ ── 自上而下
      │  法律   │
      │  制度   │
      └──┐   ┌──┘
         ╲ ╱
         ╱ ╲
      ┌──┘   └──┐
      │ 物业水平    │
      │ 市场 / 子市场 │
      │ 供给 / 需求  │ ── 自下而上
      │ 现金流     │
      └─────────┘
```

　　我们的方法在本质上来说很具技巧性和实用性，概括了在这些市场的投资机会。我们的分析是基于被我们称之为 LCG 的分析框架。这个框架说明了在新兴市场的房地产外国直接投资（REFDI）的吸引力是三个主要变量的函数，这三个变量依次是：区位因素（L）、竞争环境因素（C）和增长因素（G）。

　　即，(REFDI) = f (L, C, G)

　　这个公式说明了一个公司必须要获得超过其国内投资及运营成本的收益，以便承担在国际活动中的额外风险。

　　因此，利润＝总收益－总成本（国际投资/运营成本），且根据一定数量的边际资本 $P_i > P_d$，其中 P_i 代表国际利润，P_d 代表国内利润。

　　我们将这个框架隐含地应用于全书的市场和策略部分。我们通过对市场和投资选择进行实用性评论对这种策略性分析进行了补充。

　　区位因素包括：地理位置、自然特征以及制度 / 法律因素，如自然禀赋（劳动力、原材料）。特别是在房地产领域，它还意味着控制或拥有一个城市市场中具有特殊利益的特定区域（某种地方垄断）。地理位置通常很大程度上决定房地产的价值。有一个古老的谚语说一个投资者对房地产只需要知道三件事情，"地点、地点还是地点"。虽然这个谚语过于简单化，但是这个概念的核心是有一定道理的。房地产是一种非常特殊的资产，并且极具地点和市场特殊性。

　　竞争因素包括公司在竞争环境中拥有的优势（公司特有的核心竞争力优势）。房地产投资必须和其他类型的投资一样具有竞争力。一家相对于国内竞争者具有海外优势的公司，可以获得更高的收益或者更低的成本，因而可以得到更多的总利润。这些优势包括获取更多的投资资本、更好的实践和流程、更好的管理水平、高超的技术等等。品牌和品牌资产也是这个因素的一部分。拥有人们认可和信任品牌的公司，可以获得更好的融资条件、与供应商更牢固的关系以及更多的客户需求。

　　增长因素与区位因素相关，但人们通常认为二者相互独立，这是因为它们都是驱动房地产需求的关键因素。如果没有经济增长，当前或长期的大多数房地产投资在经济上都是不可行的。假定其他条件不变，以可持续的经济增长为特征的当地、区域及全国市场通常要优于那些增长率很低或递减的市场。在欧洲的许多成熟国家及在日本，就经济和房地产市场而言，长期经济增长前景似乎有限。

　　LCG框架包括迈克尔·波特的一些观点（如在《国家竞争优势》一书所述），主要包括：

　　■ 要素状况，例如人力资源、物质资源、知识资源、资本资源以及基础设施。专门的资源通常对一个产业来讲是特定的，并且对该产业的竞争力是非常重要的。特定的资源是为了弥补要素的缺陷。

　　■ 当精明的国内市场购买者迫使公司加快创新步伐并创造比其竞争者更好的产品时，在国内市场的需求状况有助于公司创造竞争优势。

　　■ 相关及支持产业能够产生对创新和国际化非常重要的投入。这些产业可提供高效率的投入，此外它们也参与产业升级过程，以此刺激供应链中的其他公司进行创新。

　　■ 公司战略、结构和同业竞争构成了竞争的第四大决定性因素。创立公司、设定目标以及管理的方式对一个公司的成功至关重要。但是当前国内激烈的竞争也很重要，它制造了创新的压力，以提升竞争力。

　　■ 政府、法律和制度框架可以影响上述四个竞争决定性因素的任何一个。显然，政府可以影响关键生产要素的供给状况、国内市场的需求状况以及公司之间的竞争。政府可以在当地、区域、全国或者超国家的层面进行干预。

新兴市场房地产分类

　　新兴市场可以分为"萌芽型和成长型"。市场分类表中的阴影区域描述的是中国、印度和巴西房地产市场当前的状况（见图表 P.2）。在当前的全球经济衰退期间，这三个国家的房地产显著升值，我们希望在近期这种状况能够继续。这三个市场都获益于以稳健增长的经济基本面为基础的庞大的国民经济和需求。

中国、印度和巴西

　　通过减少贸易商品和资本流动的障碍，中国和印度有望成为占主导地位的制成品和服务的全球供应商，而巴西则将成为占主导地位的原材料供应商。

　　此外，这些国家的中产阶级队伍正在不断扩大，其规模在 3 年内将会再翻一番，在 10 年之内达到 8 亿人。这些国家中产阶级规模的大幅增长创造了包括房地产在内的大量商品的需求。这说明需求的大规模增长不再仅限于基本商品，而是导致所有消费者市场更大的需求。这些国家高速的经济增长连同庞大的人口将转换为大量财富，创造出更具吸引力的世界市场。跨国公司无疑将这些国家视为主要的具有扩张性的市场。

图表 P. 2 市场分类表

描述	萌芽期	成长期	成熟期	衰退期
市场增长率	加速：由于基数太小，不能计算出精确的增长率	快于 GDP 增长，但会保持不变或者减速增长	与 GDP 持平，或慢于 GDP 增长；具有周期性	产业规模循环，但在长期内下降
产业潜能	难以确定	大大超过产业规模，但是发展前景不可预料	尽人皆知；主要市场达到产业规模的饱和状态	达到饱和；没有发展潜力
产品线的广度	建立了基本的产品线	与产品线扩张同步快速增长	产品周转，但是宽度没有变化	收缩并且日益专业化
竞争者数量和资质	日益快速增长的相对简单的竞争者	增加至顶峰；随后出现淘汰、差异化和合并	随着日益增长的容量和细分而趋于稳定	减少，但会分裂出许多小型区域性供货商
市场份额的稳定性	极不稳定	少数公司拥有大部分份额；排序可能会改变，但份额较小的公司不可能获得大部分份额	占据大部分份额的公司是确定的	集中化的公司增加，而边缘化的公司退出；或者份额分散到小型本地公司
购买模式	几乎没有	有一些：买方较为积极	供应商众所周知；购买方式建立	稳固；可选项数量减少
进入的难易程度	通常很容易，但机会不明朗	通常很容易；竞争者的存在被强劲的增长率所抵消	很困难；竞争者是确定的，并且增长率放缓	很难；几乎没有进入的激励
退出的难易程度	法律障碍，市场匮乏，交易成本高	发展中的市场；与日俱增的买方	强劲的二级市场；出现证券化；大量买方和流动性	高流动性的市场，但是需求不足，市场没有吸引力
技术和生产力	概念开发和早期的产品设计	产品线精化并扩展	流程和方法精化；新产品线开发以刺激增长率	潜在的市场基础导致技术和生产力不再重要

资料来源：ING Clarion Research & Investment Strategy, based on a diagram in A. C. Hax and N. Majluf, *Strategy Concept and Process*：*Pragmatic approach*. Upper Saddle River, NJ：Prentice-Hall (1995)，307.

图表 P. 3 展示了这三个国家的各类排名。

图表 P. 3　　　　　　　　三国主要经济排名汇总

	巴西	印度	中国
国土面积	5	7	3
人口总数	5	2	1
GDP（名义）	10	12	3
GDP（PPP）	9	4	2
出口总额	21	11	2
进口总额	27	17	3
经常账户余额	47	5	1
获得的外国直接投资	16	29	5
外汇储备	7	4	1
移动电话数量	5	2	1
互联网用户数量	5	4	1

资料来源：M. Kobayashi-Hillary, *Building a Future with BRICs：The Next Decade for Offshoring.* Berlin：Springer（2008）.

图表 P. 4 显示了与当前 GDP 排名领先的国家相比，金砖三国变化的 GDP 地位。

图表 P. 4　　　　　　　　　预测 GDP 比较

2008			2050		
排名	国家	GDP（百万美元）	排名	国家	GDP（百万美元）
1	美国	14 204 322	1	中国	70 710 000
2	日本	4 909 272	2	美国	38 514 000
3	中国	4 326 187	3	印度	37 668 000
4	德国	3 652 824	4	巴西	11 366 000
5	法国	2 853 062	5	墨西哥	9 340 000
6	英国	2 645 593	6	俄罗斯	8 580 000
7	意大利	2 293 008	7	印度尼西亚	7 010 000
8	巴西	1 612 539	8	日本	6 677 000
9	俄罗斯	1 607 816	9	英国	5 133 000
10	西班牙	1 604 174	10	德国	5 024 000

资料来源：World Development Indicators database, World Bank, 2009；"The N-11：More Than an Acronym ," Golden Sachs study of N11 nations, Global Economics Paper No：153, March 28，2007.

中 国

中国的经济增长速度令人震惊，1978—2008 年，年均实际 GDP 增长率是 9.1%，比任何一个东亚经济体在其最高速增长时期的发展速度都要快。然而，中国拥有庞大的人口，并且由于计划生育政策和老年人日益长寿，也是人口老龄化最快的国家之一。尽管中国劳动力增长率放缓，但是人力资本积累却持续增加。人力资本投资和全民教育程度已迅速发展。

我们认为，中国经济持续长期增长的关键因素之一是其经济由出口导向型逐渐向内需驱动型经济增长的转变。为了加快这一进程，中国允许人民币逐步升值，这使得进口商品对于中国消费者来说更便宜。这还会促进消费市场的发展，并促进消费金融服务部门提供更广泛的适用于普通中国家庭的消费者信用产品。信用卡的广泛使用将会刺激零售商品的需求和进口，而长期的可承受的抵押贷款则可以提高对住房以及与自有住房相关设施的需求。

印 度

从 2003 年开始，印度就已成为世界上经济增长最快的主要经济体之一，人均收入快速增长，需求日益增加，与世界经济的联系日益紧密。印度已经进行了结构改革，这些改革使得服务经济的某些领域实力增长。如果政府在经济政策、贸易及全球化方面保持增长趋势，到 2050 年，印度的以美元表示的 GDP 将与美国势均力敌。

服务业和制造业的生产率增长已成为印度 GDP 增长的主要组成部分。经济的逐步开放引入了竞争，竞争促使私有部门重组、精简并使其更具竞争力。引导这些变化的是国际贸易、金融业的增长以及信息技术的推广和应用。

21 世纪将会是印度历史上第一次出现大多数人口居住在城市的世纪。在世界上 30 个经济增长最快的城市中，印度拥有 10 个，并且正在高速地城市化。这种现象不仅出现在大城市，也出现在中小城市。我们认为，印度的高速城市化对住房需求、城市基础设施建设以及写字楼、零售物业和酒店地点都有影响。基础设施开支的增长将会促进交通行业的发展，刺激对交通工具的需求，使得公路两旁的房地产价值不断攀升，推动郊区的发展并加速下一阶段的城市化。

巴 西

巴西被人们认为在未来几十年中将会是世界上经济增长最快的国家之一。到 2050 年，巴西将是世界第 4 大经济体。巴西拥有丰富的自然资源、可观的劳动力资源、高度发展的生产率和极高的投资收益率。与大多数其他的拉丁美洲经济体不同之处在于，它的债务状况已经改善，2008 年巴西已经从世界最大的新兴市场债务国转变为一个净债权国。从 21 世纪初开始，随着特别强调要实现宏观经济的稳定，巴西的经济增长基础取得巨大进步。巴西的经济增长率落后于中国和印度，部分原因就是缺乏稳定的经济政策，这拖慢了巴西的经济增长，但是却为未来的经济增长奠定了坚实的基础。

与其他经济高速增长的新兴市场国家相比，巴西贸易的开放程度仍然相对较低。巴西正在逐步开放市场，解除贸易壁垒。虽然仍首要关注本土经济，但原材料的全球性需求的增长和开放性的增强，促使巴西在 2007 年进出口份额占到 GDP 的 1/4。更进一步来说，资本积累、人口增长以及全要素生长率聚集起来，将会继续推动巴西经济的增长。在生产率方面，由于中产阶级增长而增强的人力资本是其经济扩张的重要推动力量。我们认为这将有利于巴西快速提升商品和原材料部门的价值链，并进一步扩大其制造业基础。

本书大纲

根据前言，本书的前两章提供了商业房地产和国际房地产投资基本面的概览。每个特定国家章节的基本结构将遵从以下的结构框架：

■ 经济、制度和政治环境的简要概述和分析

■ 对房地产市场主要特征的讨论，包括房地产外国直接投资

■ 对每个国家主要房地产市场和子市场的回顾

■ 对每个国家 4 或 5 个主要房地产类别的分析：写字楼、零售物业、住宅、工业物业以及酒店（如果有的话）

■ 对投资选择和策略的探讨

■ 本书的附录包括房地产市场商业活动信息的统计摘要和相关的参考书目

计量单位遵循每个国家当前房地产市场的惯例。因此，中国和巴西使用公制度量，而印度使用英制度量（尽管除了房地产行业，公制度量更为普遍）。

致　谢

　　本书非常得益于 Jeff Barclay、Bohdy Hedgcock、Shane Taylor、Maria-Luisa Paradinas、Richard van den Berg、Tim Bellman、Jingning（Jessie）Yang、Yanni Jin、Angela Du、Richard Price、Jeff Organisciak、Matson Holbrook、Karen Schumacher、Yu pei Chang、Cassie Mehlum、Nicholas Brown、Yi Jin、Max Machaels、Jingjing Zhou 和 Suzanne Franks 的贡献、建议和观点。在巴西的章节里，Shane Taylor 做了广泛且宝贵的工作。感谢 Sanela Osmanovic 的行政协助以及 Jeremy Sumpter 在制图上的贡献。许多商业领袖、学者以及政府官员愿意为之付出时间。他们同意接受访问并对投资策略及城市和国家之间商业环境的细微差别进行了有益的评论。如果没有他们的帮助和合作，本书是不可能出版的。很遗憾，由于篇幅所限，不能一一致谢。感谢他们的帮助。我们还要感谢约翰·威立父子有限公司的 Jennifer MacDonald、Evan Burton 和 Kevin Holm 对本书的专业指导和多方面帮助。本书中由于疏忽所致的错误和遗漏全部由作者负责。

目 录

第 **1** 章　房地产投资基础

在过去的 15 年中，商业房地产由于其高现金流、多样化以及在通货膨胀中的保值作用，日益被机构投资者视为是一种资产类别。一般来说，商业房地产投资机会的范围可以根据物业是公募还是私募市场工具以及投资结构是股权类还是债务类分为四种类型。图表 1.1 显示的这个四象限图表阐释了当前投资者可利用的房地产投资机会的范围。

图表 1.1 　　　　　　　　　　　**房地产投资的四象限图**

	股权类	债务类
私募	直接投资于房地产	直接投资于房地产抵押贷款
公募	房地产投资信托（REITs） 房地产运营公司（RECOs）	商业抵押贷款支持证券（CMBS）

在每一种投资策略中，基本的收益来源都来自于商业房地产承租人支付的租金。收益还有可能会因房地产在出售时实现的资本溢价而增加。私募股权投资涉及购买并管理商业大厦，包括写字楼大厦、工业仓库、多户家庭公寓大楼以及零售商业中心。这一类投资可以通过直接投资于物业、封闭式或开放式混合基金，以及独立账户等方式进行。在新兴市场的绝大多数房地产投资都属于私募股权类型。公募股权投资包括购买房地产投资信托（REITs）以及房地产运营公司（REOCs）的股份，通过公开交易的有价证券为投资者提供投资于房地产的机会。私募债务投资包括发起并获得商业不动产的优先债务（全部抵押贷款）。公募债务市场包括发起并交易商业抵押贷款支持证券（CMBS）。

这 4 个部分可以根据其相应的风险和流动性状况进行区分。债务类资产对未来特定期限内、特定租金率的租金拥有优先求索权。由于具有可预测性，这些投资就牺牲了一些潜在收益率。另外，股权投资由于对未来租金的求索权次于债务头寸，因此具有较高的风险。拥有股权头寸的好处就在于通过积极有效的管理可以强化对不动产的控制能力，并从未来租金上涨及不动产升值中获益。私募股权房地产投资者通常预期一个相对公募股权更高的收益率，这反映了私募市场相对于公募股权市场而言较低的流动性和较高的风险。REIT 份额可以通过一个拥有丰富信息的有组织、有效率并且透明的市场活跃地进行交易，而私募股权交易只能在单个的买方和卖方之间进行，缺乏信息。

债务市场已经逐步发展，可以为投资者提供越来越多的复杂的金融产品。以

CMBS 形式为主的公募债务投资呈现出强劲的全球趋势是始于 20 世纪 90 年代初期。由于 CMBS 在公开市场进行交易,具有高流动性,并且具有将大量收入流证券化以及将贷款划分入各种风险组别的能力,使得 CMBS 成为越来越具吸引力的投资机会。当前资本市场的剧变严重影响了 CMBS 组别的发起和价值,尽管如此,我们还是期望最终能恢复到长期的发起和交易量。多年以来作为商业债务投资主要方式的私募债务近来由于 CMBS 市场在当前的危机中"收紧",开始发挥着越来越突出的作用。图表 1.2 显示的是一些主要的商业房地产投资方式的各种风险和流动性特征。投资者可以根据他们对流动性和风险的需要制造投资组合以平衡风险和收益。

图表 1.2　　　　　　　　**房地产投资风险和流动性**

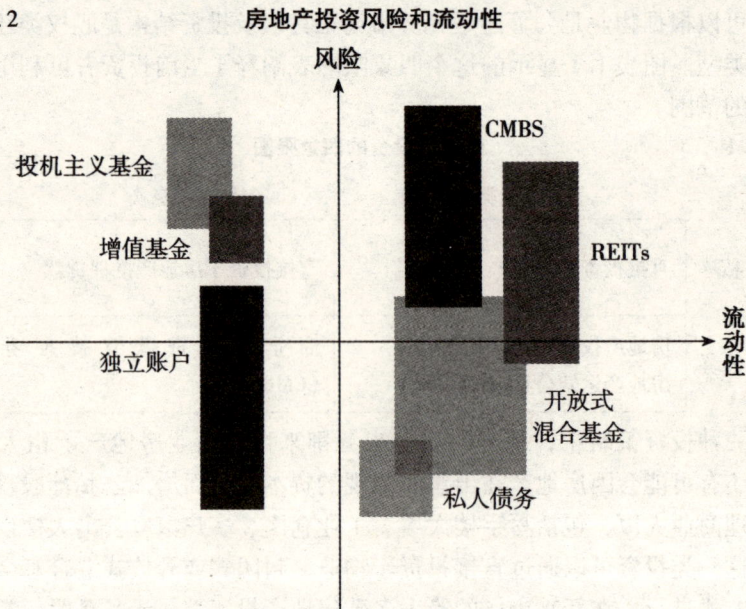

资料来源:ING Glarion Research & Investment Strategy.

　　本章主要关注私募股权房地产投资的投资策略,因为这仍是投资于新兴市场的主要方式。私募股权历来是大多数机构投资组合的基础,并且我们相信它可以为理解其他的策略提供一个好的基础。

1.1　按物业类别投资

　　私募股权房地产投资主要集中于五种主要的物业类别:写字楼、工业物业、多户家庭物业、零售商业物业以及酒店。投资偏好会根据当前或预测的经济状况、租赁类型、专业的管理要求以及每一物业类别其他的一些独特特征而改变。例如,通常低空置率的多户家庭类的利润与其强化积极管理的要求相抵。因此,我们相信对当地市场的认识和管理经验对于多户家庭类别的收益最大化以及降低风险非常重要。同样地,虽然酒店类别在收益率上具有最大的波动性,但它通常也是在经济低迷后第一个恢复的类别，显示了在谨慎投资时期的潜在高收益率。①

在美国，由国家房地产投资信托委员会（NCREIF）追踪机构房地产投资。国家房地产投资信托委员会不动产指数（NPI）很好地表示了过去几个市场周期中对这 5 个核心物业类别投资的业绩（见图表 1.3）。

图表 1.3　**国家房地产投资信托委员会不动产指数各物业类别年度总收益率**

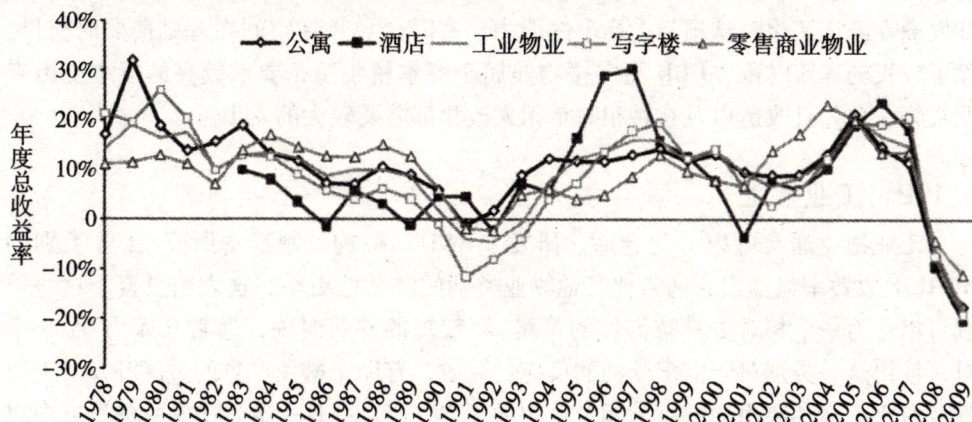

资料来源：ING Glarion Research & Investment Strategy，NCREIF，as of 2009Q4.

在国际上，国际不动产数据库（IPD）追踪几十个国家的房地产收益率，并且最近已经开始公布全球指数。虽然全球收益率数据系列在长度或健全性上和美国数据系列无法相比，但是它也显示出全球物业类别呈现出和我们在美国看到的相似的模式（见图表 1.4）。

图表 1.4　**IPD 全球不动产指数各物业类别年度总收益率**

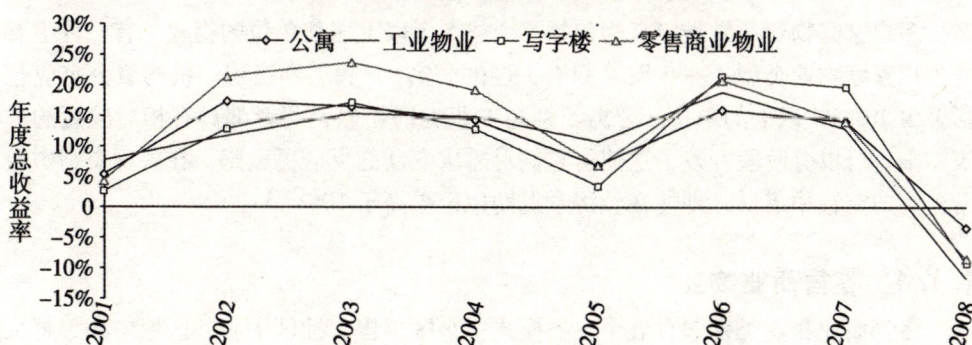

资料来源：ING Glarion Research & Investment Strategy，IPD，as of 2009Q4.

1.1.1　写字楼

写字楼类别的物业通常根据所处位置和质量分类。大厦可以位于中央商务区（CBD）或郊区。大厦也可以根据综合的质量和大小进行分类，从最高质量和大面

---

①　根据国家房地产投资信托委员会（NCREIF）的历史收益率数据，1978—2008 年，美国历史收率数据评论得出一般性结论。

积的甲级大厦到低于投资级的丙级大厦；机构投资者主要集中于甲级或乙级大厦。所谓的标志性办公大厦通常建筑于供给限制性的市场，如曼哈顿、伦敦、上海以及孟买；它们都是最高质量的，具有独特的建筑风格和绝对优越的地理位置。

写字楼的租赁期较长，通常持续5~10年，这有助于降低写字楼类别的剧烈波动。[1] 据了解，许多写字楼项目的复杂性和规模导致了较长的建筑时限。这限制了开发商在经济恶化时从项目上撤出的能力，有时会导致新空间在基础薄弱时交付。除了较长的建筑时限，CBD写字楼物业属于资本密集型，要求较高的资本支出来购买物业，并且改造以及在转租时承租人改建都需要较大的支出。

1.1.2 工业物业

工业物业通常可以分为仓库、研发（R&D）机构、制造场所。[2] 工业类别的NCREIF收益率显示出它通常比其他物业类别的波动性更小，这表明投资于这一类别可以作为一个相对更具防御性的策略。[3] 较短的建筑时限，通常仓库为6~9个月，使得这一类别对于需求变动的反应更灵敏，有助于避免严重的过度开发。工业物业对于维修和转租通常要求相对适中的资本支出。在这一类别中常见的三方净租结构有助于业主降低由于开支上升造成的很多风险。但是工业物业的总价值往往低于其他物业类别，并且在一个物业一次性构建一个相当大的多样化的工业物业投资组合是很困难的。由此，在工业物业类别中，投资组合收购相对于其他类别要更常见。

1.1.3 公寓或多户家庭物业

多户家庭物业通常被定义为包括5个或5个以上居住单位的物业。有三种主要的多户家庭物业类型——单层（只有1层的公寓）、底层和高层。机构级公寓应包括至少20个或以上的单位。公寓类别与工业类别相似，两者都具有相对较短的建筑期限，可以分阶段开发，这使得它们对需求变动的反应更敏感。在各种类别中通常公寓的空置率最低，即使在经济衰退期也很少高于10%。[4]

1.1.4 零售商业物业

零售商业物业类别包含五个主要模式：小区零售、社区中心、区域中心、超级区域中心以及单一商户商店。与酒店和公寓类别一样，零售商业物业也要求程度较高的积极管理。地理位置、便利性、易于到达以及商户组合通常是一个成功的零售商业投资要考虑的关键标准。零售商业租赁对于小型商户一般是3~5年，大型固

---

[1] W. Wheaton, "The Cyclic Behavior of the National Office Market," *American Real Estate and Urban Economics Association Journal* (1987). Volume 15, Number 4, December 1987, pp. 281–299.
[2] 很少有投资者关注制造场所，因为它通常是由最终用户而非投资者直接拥有。
[3] National Council of Real Estate Investment Fiduciaries (NCREIF), historic returns data, as of Q4 2008.
[4] 例如，根据 Torto Wheaton Research，自1994年以来，全国空置率未高于8.2%。Torto Wheaton Research, Outlook XL Online, Apartment Sum of Markets, as of Q1 2010.

定商户一般是 10～15 年。特别是对于关键承租人，租约可以包括一个缴付基础再加上一定的销售比例。升级和改造零售商业物业的成本要明显高于其他类别，它要求更为定期的升级以保证其功能性用途。总体而言，零售商业投资的收益率紧密追随经济状况，包括当地的和国家的。收入水平和人口密度通常被视为当地零售商业需求的主要驱动力。

1.1.5　酒店

我们认为酒店投资可以被理解为既是房地产类别的投资又是一项运营业务。根据 NCREIF 收益率，酒店类别显示出是 5 种主要物业类型中波动性最高的一种，通常作为非核心资产类。这首先是源于其非常短的有效租赁期，因为酒店的房间基本上是以日为基础租赁的。同样地，酒店的业主/经营者可以迅速地根据经济活动调整其收益率。因此，酒店的收益与国内生产总值（GDP）密切相关。酒店的需求产生于商务旅行者、会议以及休闲旅游者。虽然酒店是 5 种类别中最具波动性的，但是在经济复苏期它们具有最高的潜在收益率。

1.1.6　多用途物业

多用途物业，正如其名称所隐含的，是在一个物业中多种用途（类别）的组合。多用途物业包括在一个单独结构中的多种用途（垂直多用途）或在一个综合开发项目中相互邻近结构中的多种用途（水平多用途）。这种开发类型近年来越来越受欢迎，这是由于都市生活的再度流行、城市改造以及棕地重建，这些都以发展潜力以及日益昂贵的土地密度最大化为目标。多用途物业在新兴市场也越来越流行，这是因为越来越大的城市密度以及优化土地使用的需要。该类别通常在一个区域包括高密度居民住宅、写字楼和零售商业。多用途项目各种组成的整合要求比其他物业类别更关注设计，因此通常成本也更高。这些项目通常规模巨大并且位于令人瞩目的城市区域，但是这类项目的日益普及也导致了在郊区的小型项目日益发展。

1.2　按投资风格投资

投资风格就是按照房地产投资者选择风险水平进行分类。主要有三种投资风格：核心型、增值型和投机型。这些策略提供了一个沿着风险—收益组合的连续选择，如图表 1.5 所示。

1.2.1　核心策略

核心房地产投资通常占全部房地产投资一半以上。[①] 它通常被认为代表了长期、低风险/低收益策略。投资者一般被核心房地产投资吸引是因为它的高收益率，

---

① Real Capital Analytics, Q1 2010.

图表 1.5 房地产投资策略

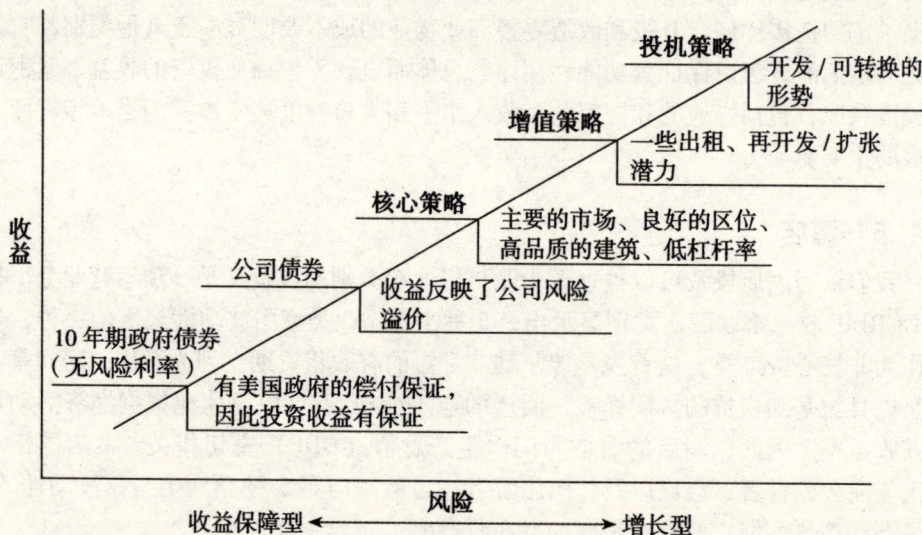

投机策略

开发/可转换的形势

增值策略

一些出租、再开发/扩张潜力

核心策略

主要的市场、良好的区位、高品质的建筑、低杠杆率

公司债券

收益反映了公司风险溢价

10 年期政府债券（无风险利率）

有美国政府的偿付保证，因此投资收益有保证

收益

风险

收益保障型 ← → 增长型

资料来源：ING Glarion Research & Investment Strategy.

像债券一样稳定的特点，多样化以及对冲通货膨胀的优点。核心房地产投资集中于成熟市场上的现有的、出租率高且质量高的物业。投资主要集中于 4 种物业类别：写字楼、工业物业、零售商业物业以及多户家庭物业。由于酒店类别较高的波动性以及极端的集约管理，因此酒店类别常被认为不是核心类别。核心物业通常显示出来自于信用良好的承租人的稳定、可预期的收入流。这种策略中，预期总收益很大的一部分来自于当前收入和现金流。物业升值发挥很小的作用，但是物业的稳定性有助于物业未来价值更具可预测性并有助于提供潜在的购买者。在资产收购中使用中低杠杆，进一步使风险最小化。目标总收益在 7% ~10% 之间。

1.2.2 增值策略

增值策略介于风险较低的核心型投资风格和风险较高的更具投机性的操作之间。在其最基础的形式中，价值增值房地产投资包括购买物业、在某些方面进行改进并且在出现资本利得机会时出售物业。资本升值通常是投资总收益中非常大的一部分。物业的管理问题、运营问题或是硬件改进的要求是这种投资策略首要问题。要想成功执行这一策略，在物业再租赁和修复中的良好专业知识和经验是必要的。增值策略通常使用 40% ~70% 的杠杆率，其目标总收益通常在 13% ~17% 之间。

1.2.3 投机策略

投机性投资表现为应用于私募股权房地产的最高风险/最高收益策略。过去绝大多数的机构投资者在其投资组合中持有极少的投机性投资头寸。但是，近年来对更高收益的追求刺激了对这种策略热情的增长。进行投机性投资是由于其潜在收益很少或完全不考虑多样性，无论是物业类型还是地理区域。投机性资金以问题资产

（物业或债券）、开发项目以及新兴市场为目标。一般而言，这些投资更为复杂、风险更高，并且可能涉及非传统/专门的物业类型、复杂的财务重组、高杠杆交易、地面开发以及国际市场。投机性投资通常使用高杠杆率（大于70%），其目标总收益率在20%及以上，且收入构成是有限的。

1.3 按阶段投资

投资者还可以选择按照物业生命周期的特定阶段进行投资。有三个基本的阶段：开发、稳定、重新定位/重新开发。这种方法使投资者有额外的机会平衡风险水平和回报。

1.3.1 开发阶段

开发阶段通常是投机性策略的一部分。在有严格准入障碍的市场，如果现有物业经常高于开发成本溢价出售，开发就是合理的。高准入障碍的市场通常具有需求强烈（高入住率和出租率）和资本化率低（利率上限）的特征。① 在低准入障碍的市场，新物业要承受按照接近或以其开发成本定价的风险，这通常不能为开发提供风险溢价。

1.3.2 稳定阶段

当建筑阶段完成并且租赁达到目标入住水平的时候进入稳定阶段。这种类型的物业是大多数投资活动的中心，这是因为拥有稳定型建筑的风险在一定程度上由于清晰的历史运营收入和支出记录而降低。这一稳定收入要考虑对未来收入更准确的预测。在给定的较低的相对风险下，稳定型物业通常要比开发或重新开发物业具有更高的价格（更低的利率上限）。这样，稳定型物业通常总收益率较低。大型机构投资者通常更倾向于稳定型投资。对于稳定型资产一个常见的策略是为了收入回报而持有物业，并在投资收益率和利率上限之间差价最大时将其出售。

1.3.3 重新定位/重新开发阶段

这一阶段也被称为价值增值阶段。当稳定型物业在高准入障碍市场要求高的价格溢价时，重新定位/重新开发就是一个合理的投资策略。管理不善或缺乏资金的具有高潜能的物业通常是重新定位/重新开发投资的目标。

1.4 资产配置

根据现代投资组合理论，在多样化资产组合中包含相关性低或负相关的资产可

---

① 资本化率的计算是预期净营运收入除以当前资产市场价值，可以是当前年份也可以是获得所有权的第一年。

以使总的资产组合风险最小化。房地产作为一个资产类别显示出与股票或债券之间较低或负相关性（见图表1.6）。我们认为在混合的资产组合中配置10%～20%的房地产资产可以在长期投资期限内增加投资收益率并降低投资组合风险。[①]

图表1.6　　　　　　　　　　**NCREIF 历史收益率相关性**

NCREIF 历史收益率相关性	10 年	30 年
标准普尔500 指数	0.21	0.11
巴克莱资本总体债券指数	−0.17	−0.07

资料来源：ING Clarion Research & Investment Strategy, S&P, Barclays Capital, as of March 31, 2010.

在混合资产投资组合中房地产通常权重过低。[②] 我们认为有这样几个原因。第一，房地产被认为是高风险的。第二，许多投资者认为房地产相对缺乏流动性并且对小投资者门槛过高。正如我们在前面看到的，随着房地产投资选择的增多，这种现象已经开始改变。

---

① T. Bellman, M. Paradinas, and S. Taylor, "The Case for Real Estate: Asset Class Performance at the Cusp of Recession," ING Real Estate Internal Publication (2008).

② P. Sivitanides, "Why Invest in Real Estate: An Asset Allocation Perspective," Real Estate Issues (1997). Volume 22, April 1997, 30-37.

第 **2** 章　国际房地产投资

随着全球经济一体化的不断深入，包括新兴市场房地产在内的国际房地产投资机会比以前更具吸引力，尤其是在大多数发达经济体国内房地产市场疲软和缓慢增长的情况下。虽然传统的国际资本流动大部分直接流向美国和西欧，但是在过去的几年中，对亚洲市场的兴趣不断加大。就在最近，对拉丁美洲、东欧和俄罗斯的投资不断增长。

虽然大多数流入国际房地产的资本属于"投机性"风险/回报结构，但是我们预计未来几年，"增值"和"核心"策略更适合于国际房地产市场的发展，投资组合风险的减少也更易实现。本章将提供进行国际房地产投资的基本理论以及投资中的风险识别。

2.1　为什么投资于国际房地产？

驱动国际房地产投资的逻辑与国内房地产相同，即：高收益、投资组合多样化以及对冲通货膨胀的功能。国际投资还能提供额外的两点：投资于日益扩展的房地产投资范围的潜力，以及使所持有的国际资产与日益增长的跨国公司养老基金国际负债头寸相匹配的需要。

总之，我们认为投资于国际房地产有助于实现：

■ 高收益
■ 增加多样化
■ 对冲通货膨胀
■ 扩大房地产范围

2.1.1　获取高收益的潜力

能够提供投资级机会的国家相较于那些没有投资级机会的国家更能使供给和需求条件多样化，这导致各国的收益率不同。图表 2.1 展示了 5 个国家的总收益率，在某些年份几个经济体的总收益率要高于美国。这些是机构和私人投资者通过非杠杆性的、投资级房地产获得的收益，因此证明应进一步考虑将其作为一个投资机会。

在主要市场中，英国、美国、法国、西班牙和日本的年收益率都为负值，而澳大利亚、加拿大、德国以及韩国都为正值，但低于 5%（IPD，2009.6）。然而，这种低迷已经遍布各种资产类别。在波动性和收益率水平方面，2008 年的总收益率几乎完全符合它们的"预期值"。正如图表2.2所显示的,2008年,私募房地产是业绩第二好的资产,只有全球业绩最好的资产类别债券的业绩比它好。在我们研究的5个国家中,一般是股票和上市的房地产下跌最大,在-29%(英国的股票)至-54%(澳大利亚的上市房地产)之间。

图表2.1　　**各资产类型和主要市场的长期(1990—2008年)* 同比总收益率**

	澳大利亚	加拿大	荷兰	英国	美国	全球
债券	10%	9%	7%	9%	7%	8%
私募房地产	8%	8%	10%	8%	8%	8% **
股票	10%	9%	10%	8%	10%	6%
公募房地产	12%	2%	7%	7%	14%	9%
商品	N/A	N/A	N/A	N/A	N/A	14% ***

　　资料来源:IPD/NCREIF. Thomson Financial Datastream(TFD)/FTSE(EPRA);TFD/Citigroup(CGBI);TFD/Morgan Stanley(MSCI). TFD/ML(MLCX),ING Real Estate Research & Strategy, as of 4 June 2009.

　　* 除非另有说明,所涉及的年份均指日历年,即1990年指的是1990年1月1日至1990年12月31日。

　　** 全球IPD指数有8年的历史。

　　*** 商品数据是1991—2008年。荷兰的私募房地产数据包括未经调整的ROZ和IPD数据。与IPD数据不同,由ROZ提供的至1994年的数据基于更多的交易并包含回归噪声。

图表2.2　　**各资产类型和主要市场2008年的同比总收益率**

	澳大利亚	加拿大	荷兰	英国	美国	全球
债券	12%	11%	7%	9%	12%	14%
私募房地产	2%	4%	3%	-22%	-7%	-5%
股票	-37%	-31%	-45%	-29%	-37%	-38%
公募房地产	-54%	-40%	-34%	-45%	-41%	-49% *
商品	N/A	N/A	N/A	N/A	N/A	-43%

　　资料来源:IPD/NCREIF. Thomson Financial Datastream(TFD)/FTSE(EPRA);TFD/Citigroup(CGBI);TFD/Morgan Stanley(MSCI);TFD/ML(MLCX),ING Real Estate Research & Strategy, as of 4 June 2009.

　　* FTSE/EPRA发展指数。私募房地产收益率基于2008年IPD全球指数,价值基于"本国货币"数据。

　　尽管2008年和2009年大范围的经济低迷,我们仍相信长期私募房地产收益率将重新恢复吸引力。业绩好的和业绩差的资产类别在长期因国别而变化,并且没有一个通用的模式,但是每个国家每年的私募房地产收益率都在7.5%~10.2%之间，这是我们认为的以私募房地产作为投资资产的投资者要求的收益率范围的上限。[1] 房地产的混杂特性带来了和债券一样稳定的收益；但是在经济增长时会出现资本溢价，这一特性与股票相似。正是因为这一原因，在长期，房地产一般将提供介于股票和债券之间的收益率。现有数据显示，在荷兰，私募房地产在长期是业绩最好的资产，而在澳大利亚和美国，公募房地产是业绩最好的资产，向投资者提供两位数的收益率（见图表2.3）。

图表2.3　　　　　　混合资产的年度总收益率：1983—2007 年

资产	指数	总收益率	标准差	收益/风险
美国中期债券	巴克莱/雷曼	8.30%	5.10%	1.63
美国私募房地产	NCREIF	9.38%	6.16%	1.52
爱尔兰私募房地产*	IPD-爱尔兰	14.65%	11.80%	1.24
英国私募房地产	IPD-英国	10.90%	8.96%	1.22
美国大盘股	S&P 500	13.78%	15.55%	0.89
美国公募房地产（REITs）	NAREIT	14.37%	16.40%	0.88

资料来源：ING Clarion Research & Investment Strategy；NAREIT；NCREIT；IPD；Standare & Poor's；and Lehman Brothers.

* IPD-爱尔兰数据是1984—2007 年。

在长期，私募房地产提供比债券更具吸引力的收益率，比股票和公募房地产更低的波动性，这使其成为对风险规避型投资者具有吸引力的资产。风险偏好更强并且寻求更高收益率的投资者可能会转向股票和公募房地产，以补充其投资组合。

收益率和波动性之间的关系导致一个令人满意的经风险调整后的收益率，这使得我们考察的每个国家在1990—2008 年私募房地产都介于债券和股票之间，只有荷兰除外，其私募房地产的收益率更高。

作为阐明房地产在混合资产组合中的多样化利益的一种方式，我们运用一个假设的美国股票、债券、私募和公募房地产的投资组合，然后检验加入英国和爱尔兰的国际私募房地产投资的作用。选择这些国家是因为数据的可获得性，并且它们显示了彼此之间各不相同的风险/收益行为。

在图表2.3 中，显示了6 种资产类别的平均收益率的计算值、收益率的标准差以及收益风险比。3 种资产类别处于风险类别的下限：美国中期债券、美国私募房地产以及爱尔兰私募房地产。另外3 种位于较高风险水平：美国公募房地产、美国大盘股以及英国私募房地产。

估计出每一投资组合的预期收益率和波动性并用有效边界表示出来（见图表2.4）。[2] 在显示最高收益率和最低风险的投资组合中，包含国际房地产是比单纯的国内组合更好的选择。

---

① 根据 IPD 和 NCREIF 总收益率，1998—2008 年美国、加拿大、荷兰、英国和美国的平均年收益率。
② NCREIT 的房地产收益率系列经过了平滑调整，其使用的技术见 David Geltner, "Estimating Market Values from Appraised Values without Assuming an Efficient Market," *The Journal of Real Estate Research* 8, no. 3 (summer 1993)：325-345. IPD 系列进行时间滞后检验并且判断不要求重大修正。

图表2.4　　　　　　包括国际房地产和不包括国际房地产的有效边界

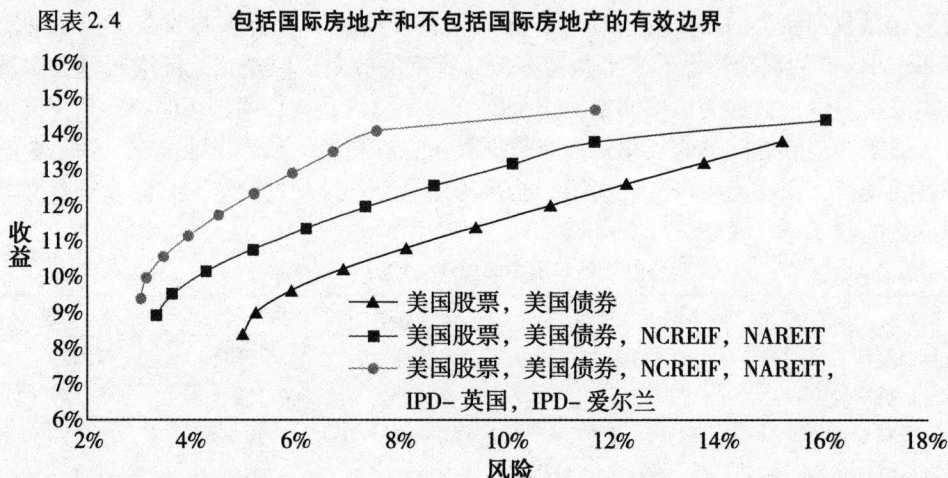

资料来源：ING Glarion Research & Investment Strategy；NAREIT；NCREIT；IPD；Standard & Poor's；and Lehman Brothers.

　　虽然这是一个自然选择的例子，但是它清楚地显示了投资组合的业绩可以通过考虑包含国际房地产在内的资产范围的扩大而提高。除了经风险调整后的收益率，还有其他的有说服力的与收益相关的争论鼓励跨国投资，特别是在新兴市场或发展中国家。最为重要的是，我们认为它们是更高增长的市场。在过去的几十年，与发达国家相比，发展中国家具有更高的经济增长速度，我们相信这种趋势将会持续到可以预见的未来。在高速增长的经济体，对新的大厦和设施的需求也是成比例地增长。在某种情况下，例如中国、印度和巴西，在几个领域有明显的被压制的需求。因此，在这些国家，投资者希望更多的开发机会，并伴随着对更多外国资本流入的需求。每一个国家都倾向于发展自己的投资级房地产股票以满足其发展经济的需要。这就是 LCG 框架的增长因子。

　　我们认为跨国投资创造了将个人和企业获得的房地产管理和投资的知识从发达市场传递到发展中市场的机会，这就是 LCG 框架的竞争因子。在许多国家构建与美国的房地产投资信托（REIT）相类似结构的普遍趋势就是房地产行业中一种投资工具知识传递的例证。在过去的几年中，世界上的许多国家，包括日本、英国、德国、新加坡和马来西亚都已经推进了允许 REIT 的立法并且期望国际市场资本化能快速接近美国的 REIT。[①] 我们相信知识传递以及伴随而来的赋予外国投资公司的竞争优势，是一种有效的收益率增强技术。

　　在新兴市场国家，资本市场显然是欠发达的。能够进入资本市场的跨国投资者可以从事那些无权或限制进入资本市场的本国投资者所不能从事的投资。对新兴市场国家的跨国直接投资在过去的 10 年经历了惊人的增长，这是因为精明的投资者追求有更高收益率的机会并且发现风险的增加能够得到很好的回报。2007 年，投

---

① Ernst & Young, "2008 Real Estate Market Outlook," 9.

资者受到有利经济条件的鼓励以及对高收益率的追求，向新兴市场注入了创纪录的 7 820 亿美元。[①]

2.1.2　增加多样化

单个资产，如房地产的一般风险测度是该资产收益率的标准差。这种风险测度可以分为两个部分：系统或市场风险以及非系统或资产特定风险（也称为特质风险）。投资于多种资产，而非一种，其资产投资组合的标准差要低于单个资产的标准差，这意味着多种资产组合投资风险更小。这就是 LCG 框架中的区位因子。

在投资组合中加入新的资产类别同样可以带来多样化的好处。在股票投资组合中加入房地产可以减少投资组合的风险。两种资产之间的相关性越低，多样化的好处越大。

使用与图表 2.3 中相同的数据系列，在图表 2.5 中计算并显示了资产组合样本中的资产对之间的相关系数。在对多样化好处的研究中，令人满意的是相关性低且为正的资产（相关系数接近于+1.00 的不合要求）。

图表 2.5　　　**各种资产的年度总收益率的相关性：1983—2007 年**

	NCREIF	NAREIT	IPD-英国	IPD-爱尔兰*	美国股票	美国债券
NCREIF	1					
NAREIT	−0.05	1				
IPD-英国	0.41	0.15	1			
IPD-爱尔兰*	0.54	−0.19	0.37	1		
美国股票	0.05	0.27	0.07	0.25	1	
美国债券	−0.23	0.14	−0.36	−0.35	0.28	1

资料来源：ING Clarion Research & Investment Strategy；NAREIT；NCREIT；IPD；Standare & Poor's；and Lehman Brothers.

* IPD-爱尔兰数据是 1984—2007 年。

然而，应该注意到另外一个因素，无论是早期还是最近一段时期，私募房地产都是相关水平较低的一种资产类型。尽管资本一体化不断加强，但是私募房地产投资更多地依赖于具有较高区位因子的变量，这意味着全球私募房地产投资组合可能比全球其他资产类型的投资组合多样化程度更高。

基于上述数据结果，可以得出两点结论：

（1）私募房地产为股票和债券的投资组合提供了多样化的好处，这是不包含或限制包含私募房地产投资的投资组合所没有的；观察到的股票或债券与任何房地产资产的相关系数都很低。

（2）公募房地产和私募房地产在投资组合中的表现有很大差异；它们代表了两种投资目标不同的资产类别。

如果投资组合是全球投资者的视角，那么所有的房地产，在所有市场以任何形

---

① "Capital Flows to Emerging Market Economies." Institute of International Finance, March 6, 2008：1.

式，都可能放入投资组合中。对于该投资者而言最优投资组合不可能只包含一个国家的房地产，因为这种情况无法从多样化中获益。虽然任何从现代投资组合理论的角度获得最优资产组合的尝试都可能会导致资产集中于某些国家的倾向，但是将一个国家作为投资组合中房地产唯一来源的可能性几乎接近于零。

2.1.3 对冲通货膨胀

通货膨胀对冲是在发生通货膨胀时防止购买力损失的一种保护。资产的实际收益率必须与通货膨胀率相互独立，才能发挥效果。如果资产的名义收益率直接随着预期和非预期通货膨胀变动，该资产可以被视为完全对冲通货膨胀。至今，实证结果支持私募房地产能够有效对冲预期通货膨胀并且在特殊情况下对冲非预期通货膨胀的观点。[①]

房地产通货膨胀对冲的能力在低通货膨胀的持续期效果最佳。在高通货膨胀期，房地产市场无法通过提高租金与通货膨胀匹配，对冲能力减弱。并且在房地产市场处于均衡状态时，对冲最为有效。在市场过度建设时，定价能力就变得极为有限；换句话说，在空置率很高的情况下，租金很难上涨。在1991—1992年房地产收益率严重偏离通货膨胀趋势时，可以看到美国过度建设的结果（见图表2.6）。

图表2.6　　　　　　　**美国通货膨胀和私募房地产**

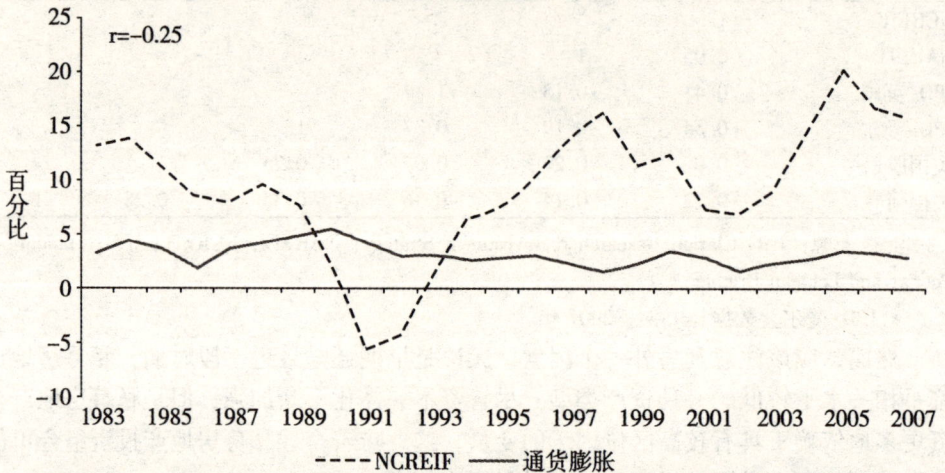

资料来源：ING Glarion Research & Investment Strategy；Bureau of Labor Statistics，NCREIF.

房地产对冲通货膨胀的能力由市场上典型的租赁结构决定。如果常见的租赁有长期的固定租金率并且很少或没有修订条款，那么基础物业就不能有效地对冲通货膨胀，因为租金率在其租赁期内无法提高。

另外，如果租约频繁修订，或是包含了可以根据通货膨胀调整租金的条款，那么对冲能力就会提高。不同国家以及不同类型的产品的常见租赁条款有显著的差异。虽然私募房地产的国际投资有可能被用于对冲本国的通货膨胀，但似乎不太可能出现

---

① Haibo Huang and Susan Hudson-Wilson. "Private Commercial Real Estate Equity Returns and Inflation." *Journal of Portfolio Management*（September 2007）.

这种情况，因为符合逻辑的选择是用本国的房地产对冲本国的通货膨胀。但是，当制定了国际性的多样化决策并选择资产类型时，国际私募房地产投资作为一个通货膨胀对冲工具，用于对冲国际股票和债券等其他常见资产选择将显示出优越性。

2.1.4 扩大房地产范围

绝大多数房地产投资者都追求在长期的高收益率。有时，投资者全部投入到国内市场，这样在实现投资目标过程中受到制约。考虑国际房地产可以大大增加实现目标的机会。例如，投资者可能希望在供给受限的市场上投资于中央商务区（CBD）的办公大厦。在发达经济体，供给受限的市场确实存在，但是很有限，并且其他投资者继续采用相同的策略推高价格并降低收益率。随着国际房地产范围的不断扩大并且在其他国家发现供给受限的 CBD 办公大厦，投资者可以继续采用其期望的策略。这又是一个区位因子的例子。

全球投资级房地产范围的持续扩大使参与国际房地产投资变得更容易。2008年投资级房地产的全球存量估计值为 17.8 万亿美元，在美国有 4.6 万亿美元，约占 23.3%（见图表 2.7）。[①] 也就是说，现在适用于机构投资者投资组合的大多数房地产在美国以外的国家。

图表 2.7　　　　　　　　　**投资级房地产的范围：2008 年**

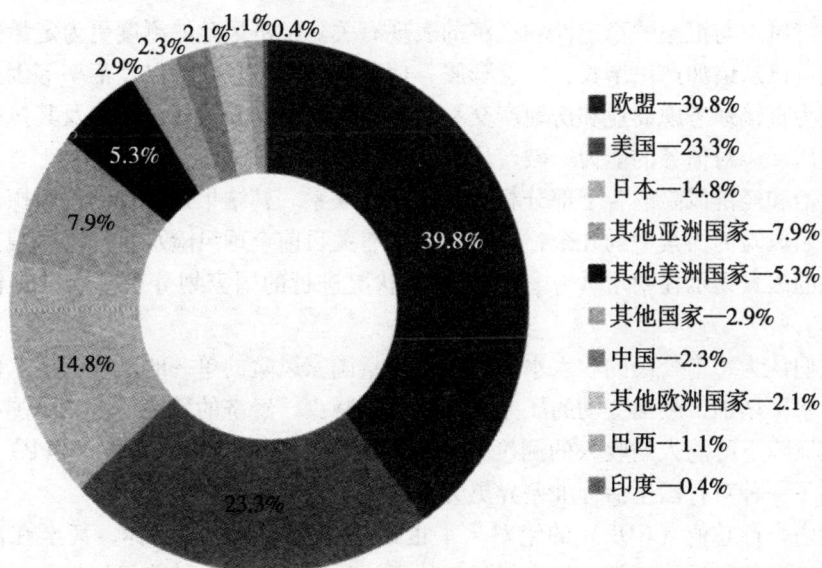

- 欧盟——39.8%
- 美国——23.3%
- 日本——14.8%
- 其他亚洲国家——7.9%
- 其他美洲国家——5.3%
- 其他国家——2.9%
- 中国——2.3%
- 其他欧洲国家——2.1%
- 巴西——1.1%
- 印度——0.4%

资料来源：The Urban Land Institute; PricewaterhouseCoopers; and ING Real Estate Research & Strategy.

经济活动的全球化加速了越来越广泛的国家商业房地产的发展。由于未来会有更多的国家加入这一名单，因此这一过程会继续下去。在现有名单中的小型国家市

---

① The Urban Land Institute and Pricewaterhouse Coopers LLP; "Emerging Trends in Real Estate, 2008"; and ING Real Estate Research & Strategy.

场份额很有可能以牺牲发达国家为代价而得以扩大，预计中国、印度和巴西都会出现显著地增长。

2.2 国际房地产的风险

国家风险是指由于本国与他国之间失衡，使跨国资本流动无法实现的风险。[①]如果关注到这一可能性，就可以从该投资中要求更高的收益率作为抵消因素。影响国家风险的因素可以根据不同方式进行划分。根据我们的目标，我们使用一个简单的两因素方法。

2.2.1 政治风险

政治风险与政府结构、政策、领导能力和稳定性、冲突、紧张局势和战争、政治党派以及官僚机构有关。政治风险的测度是尝试把握随着政治自由的持续性而变动的程度，政治自由会在一定时期导致稳定的环境。迄今为止，很多研究都试图在这种测度中使用定量因素。

2.2.2 经济风险

经济风险与汇率的稳定性和经济的表现有关。经济风险的测度更为定量化，这种观点可以从诸如产出增长、通货膨胀、债务、经常账户余额以及汇率等因素中获得。更为直接地考虑商业和房地产交易，需要考虑的因素包括合同法及其执行、产权的性质、应对债务的能力、破产法以及处理违约的方法。

政治和经济风险的各个部分相互作用相互联系。其结果是，我们仅需探讨众多影响国家风险的因素中的几个，并尽量获得有关目前全球风险水平的一些观点。需要考虑的因素列示在附录 A 中。根据收入状况进行的国家划分是基于世界银行经济分类。

我们认为每个公民的收入水平可能是衡量国家风险的单一的最佳指标。因为人均收入水平增加，政治变动的压力就很有可能减少，经济的繁荣可以使跨国投资者的国家风险下降。人均收入的测度列示在附录中，经过购买力平价（PPP）调整，它提供了一种对各国生活标准差异更为现实的测度。[②]

国内生产总值（GDP）的绝对水平也是减少国家风险的指标，甚至在高人均收益因素调整之后。通常，越大的经济体经济风险就越小。随着经济扩张，国家风险的水平通常会下降。可以导致较低通货膨胀率的稳健的货币政策，也是具有较低国家风险水平的国家的特征。与之相比，高速扩张货币供应量并持续高通货膨胀水平将会导致货币贬值的强大压力。

---

① 应该注意的是，有几个国家的国家风险要低于美国。
② 购买力平价是消除两国之间物价水平差异的货币转换率。这样，基于 PPP 转化数据的人均产出的测度就仅反映了货物和服务生产数量上的差异。

降低国家风险的一个策略是监控市场和经济结构向自由和完全竞争市场的变动。弗雷泽研究所每年的国家经济自由度评定考虑 5 个主要领域：政府开支、税收以及企业的规模；产权的法律架构及安全性；稳健的货币；国际贸易的自由度；信贷、劳动力和企业的监管。① 作为其评估程序的最终结果，世界经济自由度（EFW）评级产生，这一评级的范围在 1 ~ 10 之间，指标值越高代表越高的自由度。在他们最近的年度报告中，提供了当前的评级（已报道）以及指数的历史数据。对比 1995 年和 2005 年的评级，可以发现显著的改进。② 总体来说，根据年报，世界继续向自由和完全竞争市场前进。

对于国际投资者而言，最常见的风险之一是货币风险。在投资的持有期，如果资产所在国的货币贬值，汇率的变动显然增加了在另一国家投资的风险。

2.3　降低国家风险

在识别国家风险的各种类型后，就可以采用相应的策略来降低该风险。一些是部分的解决方法，而另一些则对特定的风险中和予以补偿。

2.3.1　货币风险

在理想的风险完全中和的情况中，一个国际投资期内两国间的汇率应保持不变。虽然这种完美的关系在较长的时间内很难保持，但是有一些方法可以应对这一问题。

（1）货币的套期保值。套期保值的方式包括货币的远期合约和货币掉期。不幸的是，通常这些方法对于世界上大部分货币的对冲风险作用都较为有限，并且有一定的使用成本。美元、日元和欧元在较长的持有期比较容易套期保值，因为它们是交易最活跃的货币。但是发展中国家和转型国家的货币就很难做到这一点，因为货币波动的风险非常大。

（2）使用本国货币标价。在目标国家借入资金购买该国的房地产。债务将使用与其持有的资产相同的货币标价，这部分投资中的差异货币的风险就被中和了。为了利用这一策略，目标国家的资本必须是可以获得的。虽然新兴经济体的资本市场正在不断完善，但仍有许多国家对这一策略有所限制。

（3）投资于房地产租赁使用美元或欧元标价的市场。随着多国贸易区的发展以及跨国公司的日趋活跃，这一策略有着越来越广泛的应用。货币风险从业主转嫁给了承租人。

（4）构建货币的投资组合。一项国际房地产投资实质上是两项投资，一个投资于房地产，一个投资于货币。通过投资于多个国家，使货币的投资组合多样化，

---

① The Fraser Institute, Chapter 1, "Economic Freedom of the World, 2005," in *Economic Freedom of the World*：2007 *Annual Report*：9.
② Ibid., 19.

并且使货币风险降低。

2.3.2 政治/经济风险

除了降低货币风险的问题，还有一些方法可以降低在国际投资中可能会遇到的其他的政治和经济风险。

■ 当国家风险被认为将会升高时，只做短期投资的策略可以降低一些风险。在短期，经济发展的方向容易预测得多。同样，政治变动的影响在短期也更容易发现。因而，由于经常与短期经济和政治状况紧密连在一起，短期货币波动也变得更可预测。

■ 如果从事商业和房地产交易的当地惯例和程序多种多样，那么选择当地的合伙人参与一个合资企业可以大大降低这种风险。

■ 牢记一句话"利用当地知识"，许多金融服务公司都有全球业务。从 20 世纪 80 年代中期开始，全球金融服务部门进行了合并。在这一过程中，当地的银行和保险业务被收购并合并入企业。反过来，这些单位是合并后公司的机构投资部门获得当地知识的重要来源。

除了降低风险的主动策略，还有一种朝向席卷全球的经济一体化的潜在趋势。区域贸易区已经或正在建立。① 发展中国家的收入水平以高于发达国家增长率的速度增长，这导致了收入水平和生活标准的融合。②

国际房地产投资提高了经风险调整的收益率和投资组合的多样化。投资级房地产遍布全球并且会越来越多。经济融合有可能会增加国际房地产的信息和需求。

国际房地产投资涉及越来越多的风险。国家风险可以被识别并能显著降低。全球的政治和经济风险在一段时期内已经下降，并且应该随着全球经济一体化的进一步深入而继续下降。

尽管全球资本市场日益同步，私募房地产多样化的好处鼓励了房地产，尤其是国际房地产的发展。私募房地产显示出了在所有主要资产类别中最低的跨国相关性水平，特别是近些年。在考虑几个国际市场时，投资者可以选择在相同风险水平上更高的收益率水平。当地市场的特性继续产生当地房地产市场表现上的差异，特别是由于不同的经济表现。这说明对当地市场的深度了解有助于建立更为有效的多样化投资组合。从资本市场的角度看，私募房地产已经开始变得更为全球化，但是根据市场基础，它应该保持其在当地经济中的本地根基。

---

① Roberto V. Fiorentino, Luis Verdeja, and Christelle Toqueboeuf, "The Changing Landscape of Regional Trade Agreements: 2006 Update," Regional Trade Agreements Section of the Trade Policies Review Division of the WTO Secretariat (2007): 3-4.

② The International Bank for Reconstruction and Development/The World Bank, "Global Economic Prospects 2007: Managing the Next Wave of Globalization" (2007): 41-42.

第 **3** 章 中 国

3.1 导 言

对于房地产投资而言，中国意味着重要的机遇。所有驱动房地产市场需求的主要动力都非常强劲——经济增长、人口状况、城镇化、不断上升的人均和家庭收入、国内投资以及外国直接投资（FDI）。中国正全力以赴地发展经济（尽管有时是不平衡的）。一线市场和日益发展的二线市场遍布投资机会。

2009 年，中国公布的总人口为 13 亿，GDP4.9 万亿美元。人均名义 GDP 达到 3 315 美元。在一线城市，即北京、上海和广州，人均 GDP 高达 9 000 美元。在 1978 年，中国开始从计划经济向市场经济转型，并在此后的 30 多年里，取得了巨大的经济发展，记录显示平均年 GDP 增长率超过 9.8%。然而，中国的经济发展在区域间不平衡，尽管东部地区已经高度工业化，但是西部地区仍相对落后。

在中国，过度投机的风险很大。一些开发商主要以现金为基础运营，只对税务部门申报很低的利润。另一个风险是在房地产权利、产权以及投资规则等方面的法律和制度框架不明确。当前最大的风险似乎就是政府对房地产，特别是房地产 FDI 监管法律变化莫测（主要是国家层面）。与确定的国内合作伙伴以及值得信赖的咨询顾问合作是降低这些风险的基础。

中国是一个充满机遇的市场，但是风险也相对较高。然而，中国市场仍是全世界最具前途的市场之一。最近通过的一项法律允许养老基金投资于房地产。这意味着数十亿美元的新投资将投向中国的房地产领域。中国市场高风险的事实并不会阻止投资者在中国进行投资。外国投资者需要认真考虑与预期收益相对应的风险水平。中国的毛收益率远低于许多其他市场。至少在一开始，每项投资必须经过极度审慎的调查。

中国提供了大量的各类投资机会。通常，房地产市场与规模大体相关，在中国同样如此。潜在的投资区域差不多都是在中国最大的城市。联合国公布的 2010 年中国 10 大城市估计人口显示如下：

本章关注 4 个一线市场：(1) 北京，(2) 上海，(3) 广州，(4) 深圳，以及几个重要的二线市场，包括成都、武汉和大连。中国还有很多更具前景的二线市场，但不包含在本书的范围之内。仅举几例其他一些很有潜力的二线市场，包括杭州（在上海附近）、青岛、天津（在北京附近）、南京和重庆等。有一点非常重要，就是要注意到中国如此之大，拥有经济高速增长且人口超过百万的城市如此之多，有潜力的二线市场的名单会很长（实际上，超过 100 个城市）。此外，在中国，几乎所有主要城市的经济快速发展都伴随着房地产需求。

上海	15 789 000
北京	11 741 000
广州	9 447 000
深圳	8 114 000
武汉	7 542 000
天津	7 468 000
重庆	6 690 000
沈阳	4 952 000
东莞	4 850 000
成都	4 266 000

资料来源：United Nations，World Urbanization Prospects，as of 2008.

3.2 　市场环境概览

3.2.1 　总体概况

尽管当前全球经济衰退，但是一个最终会成为世界最大经济体的新兴国家正在强劲增长。随着中国已成为世界工厂，其经济增长和发展已明显改变了中国已建立的市场环境。根据购买力平价（PPP），中国已经成为世界第二大经济体。依据PPP，到 2020 年，美国将不再是世界第一大经济体。中国经济在经历 3 个世纪的停滞后复苏，已成为经济发展最快的国家之一。没有一个同一规模的国家可以以如此之快的速度增长。在过去的 20 年里，中国的人均收入翻了两番，使超过 2.5 亿人口摆脱贫困，世界银行称此现象是"人类历史上前所未有"。对中国制造的商品需求持续增加达到创纪录的水平。增长还会继续吗？这是每个人的疑问，许多评论家宣称，中国的经济增长将会放缓或停滞，但它仍继续不可阻挡地保持经济增长。

中国被称为"世界工厂"是很有道理的。中国完全主导着世界低成本制造业，它制造了世界 2/3 的复印机、微波炉、DVD 播放器和鞋。世界上最大的公司沃尔玛合作的 6 000 家供应商中有 5 000 家来自中国。中国已经走上令人震撼的现代化和经济增长之路。中国经济已经超过 25 年以每年 8% 的速度增长，这是历史上主要经济体的最快增长速度。同时，中国也已成为世界最大的基本食品和工业品消费国。现在中国比世界上任何一个国家都要消耗更多的肉、粮食、钢铁、煤、手机、电视以及电冰箱。中国的总需求是推动世界各地商品价格上涨的主要力量。

与 3 个一线房地产市场相对应，有 3 个主要的经济增长区域：环渤海（北京）、长江三角洲（上海）和珠江三角洲（广州、深圳）。这 3 个增长区域在最近几年中，地区 GDP 增长率已经远远超过全国平均水平。环渤海独特的经济增长驱动力是服务业、高科技产业和政府政策。长江三角洲是一个重要的工业和金融服务区。珠江三角洲则专门从事制造、出口加工和旅游业，特别是来自于香港的贡献。

中国的消费群体日益庞大，目前有超过 6 400 万个家庭的年收入超过 5 000 美元。在这一水平上，自由支配的消费开始增长。这种增长的基础是由新型金融产品推动的实际收入增长和消费行为的转变。消费群体的增长不仅刺激了对零售商业地产的需求，同时也促进了对住宅和休闲娱乐房地产的需求。

中国第二产业的所有权结构自 1978 年开始一直经历着重大转变。在改革之前，产出由国有企业（SOEs）控制。在 20 世纪 80 年代，地方政府的集体企业，特别是东部地区的乡镇企业，成为工业产出增长的推动力量。从 20 世纪 90 年代中期开始，地方私营企业家，连同外国投资者（无论是独资企业还是与中国利益密切相关的合资企业）在制造业生产中发挥了日益重要的作用。到 2007 年，私营部门占制造业总产出的 44%。然而，大型国有企业或国有控股公司（国家持有该公司50% 以上的股份）仍是关键行业的支柱。

3.2.2　经济和制度环境

1）GDP

尽管全球经济衰退，但近年来中国一直保持着经济高速增长。经过 2007 年13% 的经济增长速度，2008 年和 2009 年全国 GDP 增速放缓，但仍保持着 9.6% 和8.6% 的健康水平。

经济学家智库（EIU）将其对中国 2010 年实际 GDP 增长率的预测提高至 9.9%，其中有明显的信号表明，中国经济已经开始复苏（见图表 3.1）。[①] 对中国出口的贸易限制以及日益增长的进口，特别是能源进口，都将导致外部账户增长放缓。

图表 3.1　**中国和亚洲（日本除外）国内生产总值（GDP）的历史/预测数据（% 同比变化）**

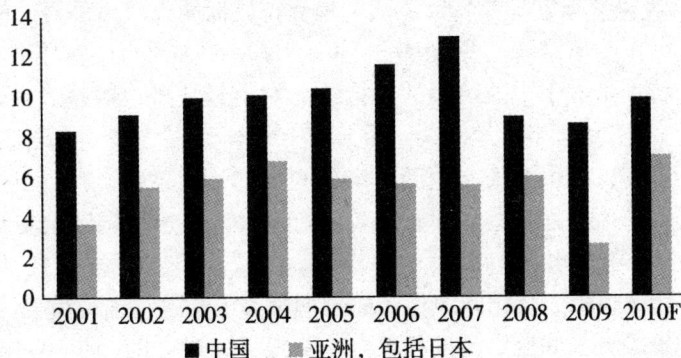

资料来源：Economist Intelligence Unit（2010）.

[①]　Economist Intelligence Unit, *China Country Report* (January 2008).

实际 GDP 增长率由固定资产投资和净出口推动。固定资产投资总额在 2008 年增长了 25.5%，贸易顺差达到 2 955 亿美元，比 2004 年高出 2 635 亿美元。固定资产投资在某些部门，如金融服务、租赁和商业服务、电力设施制造业迅速增长。2008 年在金融服务和租赁以及商业服务的城市投资分别比去年同期增长了 62.6% 和 50.6%。政府正试图在某些领域给投资降温，因为这有可能导致经济过热，在未来增加风险。

2）通货膨胀

2006 年以前，中国一直保持较低的通货膨胀率，但自 2007 年开始，通货膨胀率迅速上升（见图表 3.2）。根据国家统计局（NBS）的统计，2007 年消费价格指数上涨至 6.6%，比上一年大幅上涨。过去的两年（2008 年和 2009 年），通货膨胀率开始放缓，但预计在 2010 年会再次升高，年通货膨胀率可达到 3.4%。

图表 3.2　　　　　　消费价格上涨的历史/预测数据（%）

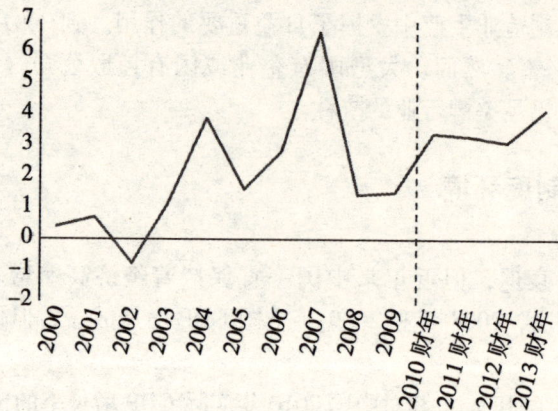

资料来源：中国国家统计局，《中国统计年鉴》（2000—2008 年），经济学家智库，2010。

3）货币政策

货币政策是中国经济政策和经济持续增长特别是出口增长的重要手段。过去的 10 年，中国一直谨慎地管理其货币，人为地保持较低的人民币币值，使其保持在 1 美元兑 6.8 人民币上下徘徊（见图表 3.3）。美国一直对中国施加压力，要求重估人民币价值，特别是鉴于中国巨额的、持续的对美经常账户顺差。自 2005 年汇率制度改革开始，至 2009 年 7 月，人民币升值 15.8%。在将来，中国政府将会继续干预外汇市场限制人民币上涨，但随着中国经济的持续增强，预计到 2010 年，甚至以后，人民币升值过程将会继续。随着政府允许人民币在国际上更广泛地使用，资本账户也在逐步自由化。

除了人民币升值外，货币政策也影响短期资本流动，特别是与美国之间的利差和中国的短期资本流入和流出高度相关。中央银行在过去的一年中并未提高利率，主要是努力加大与美国的利差，以逆转对本币的短期投机。2005 年 3 月政府提高抵押贷款利率，成功地使持续上涨的房地产价格降温，但是政府并未随之进行像美国那样更为广泛地加息，部分原因就是减轻对人民币投机的压力。在 2009 年，中国中央银行通过取消信贷配额、大幅削减官方利率以及降低银行存款准备金率，放松货币政策，以刺激经济增长。

图表3.3　　　　　　　　**中国人民币汇率历史数据**

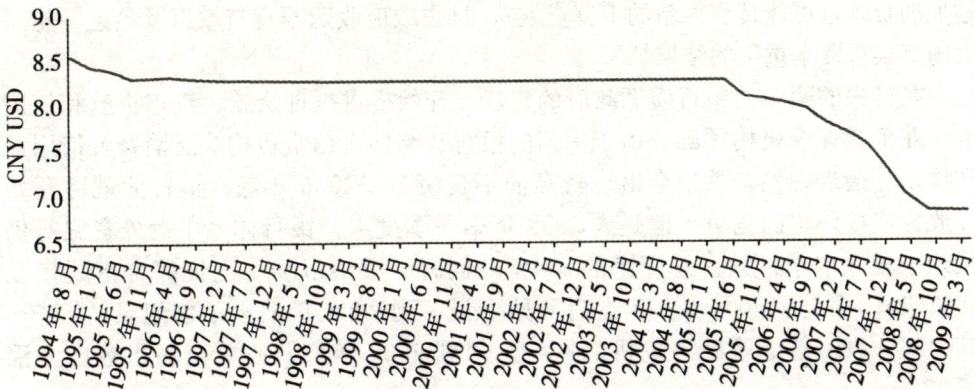

资料来源：中国银行，人民币汇率报价，1994—2009 年。

　　2005 年 7 月，中国人民银行实行了一种新的人民币汇率机制，放弃了货币盯住美元，代之以根据加权的一篮子货币的管理浮动。初始的对美元的中心汇率设置为 1 美元兑 8.11 人民币，这意味着较之前的盯住汇率升值了 2.1%。虽然预期人民币将持续升值，但中国政府对此非常谨慎，人民币缓步地升值。2009 年，1 美元平均兑换 6.81 人民币，2010 年人民币有可能升值到 1 美元兑 6.59 人民币。[1] 人民币由巨大的金融和外国直接投资流入以及贸易顺差支撑。在过去，由于这种升值的预期，相当可观的美元资本流入中国。

　　4）流动性

　　在惠誉公司对任何一个主权国家的评级中，中国都是流动性最高的国家，超过800%，远高于"A"级国家 138% 的平均水平。在 2008 年年底，外汇储备达到 2 万亿美元（相当于 18.4 个月的进口），并且到 2010 年 6 月已经超过 2.4 万亿美元。惠誉估计在 2008 年底中国的外债总额为 434 亿美元（GDP 的 10%，外汇储备的21.7%），无论是相对值还是绝对值，都保持较低水平。2008 年，偿债总额仅占经常账户收入的 4.1%，远低于 A 级国家 12.3% 的平均水平。短期债务的绝对水平同样非常低，2008 年是 180 亿美元，但相对于外债总额稍高一些，短期债务占外债总额的 42%，这表明大部分债务是贸易融资。中国是净债权国，持有的外国资产超过外国持有本国资产 2 070 亿美元（GDP 的 48.8%）。根据惠誉评级，这是 A 级国家中最高的外部比率之一，明显高于相当于 GDP11.3% 的净债务头寸的平均水平。

　　5）金融部门

　　中国的银行业相对薄弱，有大量的不良贷款（NPLs）。官方统计表明，2008

---

① Economist Intelligence Unit, *China Country Report*（January 2009）.

年底，不良贷款（NPLs）水平仅为 2.45%，比 2006 年底的 6.16% 有大幅下降。然而，几乎所有的国际机构都估计实际的数据要远高于此。不过，无论实际规模如何，它们也认为数据正在下降，而这一改进是贷款增加（考虑到近年来的情况，增加的贷款也可能转变为新的不良贷款）、过去政府收购不良贷款以及最近一轮三大国有银行资本重组的结果。

在过去的两年，银行遵循政府的建议，开始推进抵押贷款、汽车贷款和信用卡等业务。评级机构预测，由于中国的银行甚至国有信贷机构缺乏消费者信用评估技术，最近一轮贷款中会出现较高的不良贷款。2006 年底，银行业就已开始开放，迎接外国的竞争，但是到 2008 年第一季度末，银行体系中的外资银行仍然处于较低水平，只占总资产的 2.4%。同时，股票市场（上证综合指数）在 2007 年 10 月达到顶峰 6 124 点后开始下滑，到 2008 年缩水了创纪录的 65%，其中部分原因是全球经济危机的影响。但到 2009 年底，股票市场指数已上涨了 73%。

6）信用评价

由于强劲的经常账户、较低的国内及对外债务水平，以及一向保守的财政管理，中国一直保持较高的、积极的信用等级：

■ 穆迪投资服务公司：A1；稳定
■ 惠誉公司：A+；稳定
■ 标准普尔公司：A+；稳定

7）FDI

对华的外国投资，特别是房地产投资，近年来一直势头强劲。巨额的外国资本流入继续主导国内的资金流。根据官方数据，FDI 流入总额在 20 世纪 90 年代末的某一年达到 400 亿美元，在 2008 年达到历史最高水平 924 亿美元。

尽管中国的出口在收缩，但经济学家智库（EIU）预测中国与贸易伙伴的争端仍会继续，在未来资本流动的某些管制将会有所放松。资本账户自由化也将会缓步继续。预计资本流入在 2009 年会降至 714 亿美元，但在 2010 年会再次上升。

8）制造业

中国已成为全球制造业的主角。由于年出口增长率总是超过 20%，中国作为工业制成品出口商的崛起已经使所有接受国震惊。中国在制造业中不断演变的角色以及在价值增值方面的不断提升是非常惊人的。

中国已经进入泛亚生产体系的最后阶段，泛亚生产体系已成为全球制造业最重要的特征之一。区域性经济体，包括中国台湾地区、新加坡和韩国，迅速地将其生产运营离岸外包给中国大陆。

然而，中国并不像人们预测的那样，总是极具竞争力的制造商。中国的竞争力集中在特定部门和特定区域。中国的出口主要集中于劳动密集型部门，包括服装、鞋和电器。广东省几乎占了中国出口总额的 60%。中国其他地区，特别是西部和东北地区，生产效率很低。

尽管产品也许都是"中国制造"，但是粗略地估计，中国出口商品的60%是由外商投资企业生产的。随着经济结构调整，中国投入的成本将逐步增加，可以预计到价格竞争优势将开始削弱。这一点从诸如越南和柬埔寨等国生产的一些低端产品就可以看出。

9）旅游业

中国的旅游业正在迅猛发展，应该是中国经济的领先增长部门。在北京，广泛融合的商业活动正在推动当前的需求增长。在上海，人们认为MICE（即会议、奖励、国际性会议及展览）行业推动了需求增长。上海市政府正在规划到2010年当地共计1 500项的国际性会议和展览项目。中国作为最大的旅游目的地在亚洲处于支配地位（见图表3.4）。

图表3.4

亚太地区旅游入境人数（千人）

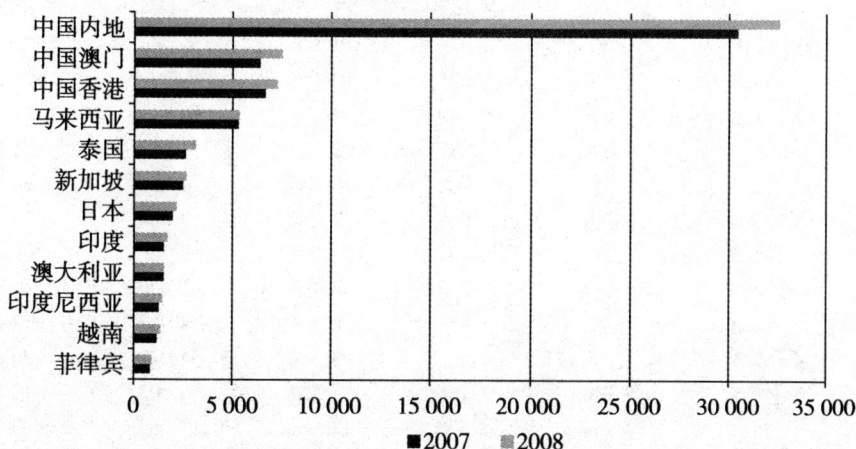

资料来源：World Tourism Organization, World Tourism Barometer (2009).

10）不安定的农村

农村地区是中国最贫困的地区。中国大部分人口（约62%）居住在农村。沿海城市中产阶级的收入和内地农民的收入相比，日益加剧的收入不均问题非常突出。沿海省份的GDP是农村的3倍之多。这在中国将是一个持续的问题，并将随着中国巨额财富的持续积累成为问题的根源。

11）城市化

与许多新兴市场国家只拥有几个主要城市不同，中国拥有100多个居民超过100万的城市；这种令人惊讶的城市化水平无疑是推动房地产需求的主要力量。城市地区主要分布在东部沿海，还有一些内陆城市。图表3.5描绘的是中国各省的区域人口趋势。虽然人口密集的城市主要集中在东部沿海，但有必要注意到绝大部分人口是在内陆。

图表 3.5 区域人口趋势

	人口 （百万）	占人口 总量的%	GDP （十亿人民币）	占 GDP 总量的%	国外直接投资 （百万美元）	对外贸易 （百万美元）
北部	156.9	11.9%	4 773	12.2%	22 291	414 132
北京	17.0	1.3%	1 049	3.5%	6 080	271 850
天津	11.8	0.9%	635	2.1%	7 420	80 539
河北	69.9	5.3%	1 619	5.4%	3 420	38 420
山西	34.1	2.6%	694	2.3%	2 720	14 390
内蒙古	24.1	1.8%	776	2.6%	2 651	8 933
东北部	108.7	8.3%	2 819	7.2%	15 563	108 681
辽宁	43.2	3.2%	1 346	4.5%	12 020	72 440
吉林	27.3	2.1%	642	2.1%	993	13 341
黑龙江	38.3	2.9%	831	2.8%	2 550	22 900
东部	382.4	29.1%	12 243	31.3%	70 594	1 202 719
上海	18.9	1.4%	1 370	4.6%	10 084	322 138
江苏	76.8	5.8%	3 000	10.0%	25 120	392 270
浙江	51.2	3.9%	2 149	7.1%	10 070	211 150
安徽	61.4	4.6%	887	3.0%	3 490	20 440
福建	36.0	2.7%	1 082	3.6%	10 026	84 832
江西	44.0	3.3%	648	2.2%	3 604	13 749
山东	94.2	7.1%	3 107	10.3%	8 200	158 140
东南部	374.3	28.5%	14 978	38.3%	32 704	757 730
河南	94.3	7.1%	1 841	6.1%	4 033	17 528
湖北	57.1	4.3%	1 133	3.8%	3 245	20 567
湖南	68.5	5.2%	1 116	3.7%	4 005	12 566
广东	95.4	7.2%	3 570	11.9%	19 167	683 261
广西	50.5	3.8%	7 172	23.9%	971	13 284
海南	8.5	0.6%	146	0.5%	1 283	10 524
西南部	196.0	14.9%	2 704	6.9%	7 018	45 296
重庆	28.4	2.1%	510	1.7%	2 729	9 521
四川	81.4	6.1%	1 251	4.2%	3 340	22 040
贵州	37.9	2.9%	333	1.1%	149	3 371
云南	45.4	3.4%	570	1.9%	777	9 599
西藏	2.9	0.2%	40	0.1%	23	765
西北部	96.9	7.4%	1 629	4.2%	1 970	39 235
陕西	37.6	2.8%	685	2.3%	1 370	8 368
甘肃	26.3	2.0%	318	1.1%	128	6 080
青海	5.5	0.4%	96	0.3%	220	688
宁夏	6.2	0.5%	110	0.4%	62	1 882
新疆	21.3	1.6%	420	1.4%	190	22 217
国内总和	1 315.3	100.0%	39 146	100.0%	150 140	2 567 793

注释：各省报道的总量与全国的总量可能不匹配。

资料来源：中国国家统计局；《2008 年省市区国民经济和社会发展统计公报》。

12）劳动力

2008 年，官方的城市居民失业率一直保持在 4.2% 的较低水平，就业增长率继续放缓。据估计，每年城市新增就业岗位仅 800 万个，但每年却有 2 400 万名新工人进入劳动力市场，这样就形成了 1 600 万个工作岗位的缺口。更让人困扰的是，估计约有 1.5 亿农民工失业，约占 8 亿农村人口的 20%。中国社会科学院（CASS）的一项研究估计，基尼系数即收入不均的一种量度标准，在过去 20 年增加了 2 倍多，现在大约是 0.50，超过该区域的平均水平。城市居民现在的收入是农村居民收入水平 4 倍多。[①]

农业是中国经济的重要组成部分。尽管 2008 年农业产出仅占 GDP 的 11.3%，但是大约 3.07 亿人口——占全国就业总人口的 40%——仍然从事种植业、林业、养殖业和渔业。大约有 7.75 亿庞大的劳动力队伍。

作为一个正在转型中的发展中国家，中国经济在过去的 1/4 个世纪中，经历了相当大的结构转型。农业产出占 GDP 的份额从 1978 年的 28% 降至 2008 年的 11%。第二产业，主要是制造业和建筑业，其产出占 GDP 的份额从 1978 年的 48.2% 升至 2008 年的 48.6%。第三产业即服务业的产出由 1978 年占 GDP 的 23.7% 升至 2008 年的 40.1%。

13）基础设施

为了满足经济繁荣发展的需要，中国政府特别强调基础设施建设的发展。中国的基础设施是所有主要新兴市场经济体中最好的之一。印度经常被拿来和中国比较，但是严格地来说，在规模上远远落后于中国。最近中国政府特别强调中央政府的财政支出将集中于发展交通和基础设施，特别是在中西部的较贫困省份。

通常来说，基础设施在某种程度上是房地产经济的支柱。没有充足的公路、铁路和交通系统，房地产的实用性以及由此产生的价值会大大降低。由于市场外部性这个经典问题，提供大量公共基础设施几乎不会给私人房地产开发商带来经济效益。基础设施已经到位解决了这个问题。值得赞扬的是，中国的计划及建设不仅仅是为了现在，更是为了将来的发展。许多房地产财富就是借助基础设施的公共投资而创造的。

从长远来看，政府已经计划一个 2 万亿人民币（2 930 亿美元）的铁路开发项目，该项目将进行 15 年，由一系列包括双轨和线路升级在内的扩展铁路网的措施组成。这一计划将分阶段实施，从铁路运营公司化开始，这样可以使产权明晰，为出售做好准备。在考虑中的融资方式选择包括发行债券以及向国内外股权投资者开放市场。

中国在船舶和港口的建设上也进行了巨额投资，这可以极大地缓解拥堵问题。在 2008 年，中国港口运输量达到 59 亿吨货物和 12 840 万个标准集装箱（TEUs）。由于上海附近的洋山深水港和其他港口扩建工程正在建设中，这一数据还会大幅提

高。到 2010 年全国港口总容量计划达到 80 亿吨货物和 13 600 万个标准箱。集装箱运输能力的提高将极大提高供给能力并降低运价。

中国在几年前就开始建设省际高速公路网。在 2007 年，中国高速公路全长已经达到 53 913 公里，公路全长达到 360 万公里。到 2008 年底，政府已经将全国 89% 的乡村连接起来。但是，尽管有了这些改进，公路网相对于中国的运输需求而言似乎仍然难以满足。

近年来全国的港口设施迅速提升。中国已拥有超过 200 个海港，港口吞吐量从 1990 年的 4.83 亿吨提升到 2008 年的 59 亿吨。上海是最大的海港，但是其深度有限也大大限制了运输量。现在，上海正在洋山开发一个新的投资为 160 亿美元的深海离岸港，2005 年开始了第一阶段的建设，一年的运输量可达 300 万个标准箱。整个工程将于 2020 年竣工。中国现有最大的深海港在浙江省的宁波，临近上海。其他主要港口包括东北的大连、天津、河北省的秦皇岛、山东省的青岛、福建省东南部的厦门以及邻近香港的广州和深圳。

在过去的 10 年中，中国的航空设施建设也取得了很大的进步。数十个新机场和机场翻新工程已经竣工，包括在北京和上海这些城市的大工程。这些工程有助于民航业爆炸式增长。乘客数量从 1990 年的 1 660 万飞速升至 2008 年的 19 000 万，同时期的货运量从 369 722 吨上升到 400 万吨。2007 年国内航线乘客数量超过乘客总量的 90%，国内货物运输量超过总运输量的 70%。但是现在国际航线已经覆盖了中国大多数的大城市。国内航线从 1990 年的 385 条上升到 2007 年的 1 216 条，国际航线从 44 条上升到 290 条。

14）运输业和通信业

中国的运输系统仍然不足，特别是在农村和西部地区，但是国家已投入了大量资金来改进这一问题。铁路仍然是运输系统的主干，它承担了全国大约 1/3 的货物和乘客运送任务。例如，煤炭等货物的运输仍然阻塞着铁路系统，无论是货物还是乘客的运输网都非常拥堵并且超载，特别是在中国每年的公共假日期间。近期的基础设施投资的主要目的就是改进现存的这些问题。

连接北京和天津的高速铁路已于 2008 年竣工并投入使用，这将京津之间的运行时间缩短到了半个小时。这是一个庞大的高速铁路网建设的一部分。中国运营的铁路总长从 1990 年的 53 400 公里①提高到了 2007 年的 78 000 公里，其中近 40% 是双轨铁路。

近年来港口设施快速提升。中国 14 500 公里①的海岸线有超过 200 个港口，港口吞吐量从 1990 年的 4.83 亿吨提升到 2008 年的 30 亿吨货物。大多数港口，包括上海这样的最大型的港口，都相对较浅，这阻碍了现代化的集装箱货船的使用。但是，这一切正在改变。

中国的通信业正蓬勃发展，从固定电话到互联网服务。中国现在的有线电视用

---

① 数字不准确，应该是 18 000 公里——编辑注。

户（到 2008 年底约 16 300 万）和移动电话用户（到 2008 年 64 100 万）超过美国，2008 年固定电话用户也达到 34 100 万。此外，互联网更加流行，2008 年有 3 亿用户。移动电话普及率快速增长，用户从 2004 年的每 100 人 26 个上升到 2008 年的每 100 人 48 个。互联网（IP）电话代替了传统的国际长途电话，第三代（3G）移动通信系统也已经推出。在家庭连接光纤电缆方面，可能会最早于 2010 年使每个城市家庭都接入宽带多媒体。

3.2.3　中国竞争地位的波特评判

考虑到中国在世界经济中不同寻常的作用，使用迈克尔·波特分析国家竞争要素的分析框架对中国经济动力进行检验是非常有益的。在《国家竞争优势》一书中，波特介绍了一个模型，可以用来检验为什么一些国家及其产业比其他国家更具竞争力。这个国家竞争优势决定性因素模型被称为"波特钻石模型"（见图表3.6）。它表明了一个组织的本国基础在其可能在全球范围内实现优势的程度上发挥着至关重要的作用。本国基础能够提供支持或阻碍组织在全球竞争中构建优势的基本要素。波特提出了 4 个决定性因素。

图表 3.6　　　　　　　　　**国家竞争优势的波特钻石模型**

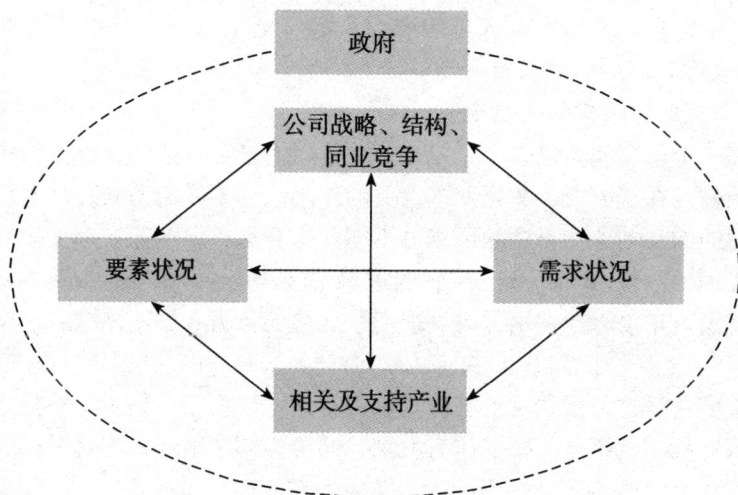

资料来源：Based upon Michael E. Porter, *The Competitive Advantage of Nations*（1988）.

1）要素状况

一个国家的生产要素，如技术工人、基础设施等状况与该国的竞争力，特别是产业的竞争力相关。这些要素可以划分为人力资源（资质水平、劳动力成本、诚信等），物质资源（自然资源、植被、空间等），知识资源，资本资源和基础设施，也包括一些其他因素，如大学的研究质量、劳动力市场放松管制或全国性股票市场的流动性。

这些要素通常会带来初始优势，这种优势会在随后确立。每个国家都有自己特殊的要素状况，因此，每个国家根据其特殊的要素状况发展产业是最佳的。这就可以解释所谓的低成本国家（低劳动力成本）和原料、农业国（土地肥沃的大国）或美国的创业文化（发达的风险资本市场）的存在。波特指出这些因素并不必须是自然形成或继承的，它们可以开发或改变。例如，政治举措、技术进步或社会文化变动都可能形成国家的要素状况。

2）内需状况

这个因素描述了一国产品和服务的内需状况。内需状况影响特殊要素状况的形成。它们对创新的步伐和方向以及产品的开发有影响。根据波特的理论，内需由三个主要因素决定：它们的混合（客户需求和愿望的混合）、它们的范围和增长率、将本国偏好转换为外国偏好的机制。

波特指出，如果一国的内需能够给本国供应商提供比外国竞争者更为清晰和提前的消费趋势信号的话，这个国家就可以在某一产业或市场获得国家优势。通常，本国市场对一个组织识别消费者需求能力的影响要大大高于外国市场。

3）相关及支持产业

这一因素与国际性的竞争性供给产业与支持性产业是否存在有关。一个国际性的成功产业可能给其他相关或支持性产业带来优势。在价值体系的后期阶段，竞争性供给产业将加强该行业的创新和国际化。除了供应商，相关产业也很重要。这些产业或者是能够在价值链中一起运用和协调特定活动，或者是互补性产品的行业（如硬件和软件）。

4）公司战略、结构和同业竞争

这是在一个国家如何建立、组织和管理公司的决定性条件，也是国内竞争特征的决定性条件。在这方面，文化发挥重要的作用。在不同的国家，管理结构、工作士气或公司间的互动这些要素的形成也不同。这会给特定产业带来优势或劣势。由所有人—经理（owner-manager）控制的家族企业与上市公司的行为有很大不同。波特认为，国内竞争以及在一国内寻求竞争优势的行为有助于该组织在全球范围获得优势。

下面我们通过这一框架对中国的经济进行评论。由于一整套波特分析不太适用于本书，因此我们运用这一框架作为大纲，简要强调中国经济相对于竞争的市场环境的长处和弱点。

3.2.4 中国的要素状况

中国拥有丰富的自然资源、经济资源和人力资本资源。中国拥有大量的低成本、富有积极性的劳动力。考虑到大量的农村人口持续迁入城市，几乎没有任何的劳动力成本上升的压力。此外，中国还拥有丰富的受过教育的人力资本，因为中国拥有大量的分布极广的学院、大学和技术培训学校。中国几乎各种原材料都很丰富。中国在广泛的领域中发展商业和投资。政府鼓励外国直接投资，在一定程度上是为了构建其工业基础的能力。中国有多种多样的气候条件，能够适应种类繁多的农作物生长的需要。中国拥有广阔的海岸线，沿着海岸线有大量的天然海港和港口。中国的大部分地区是农村，但是城市化进程很快。中国政府已经成为国家经济增长的合作者，鼓励在高附加价值部门和行业投资，同时鼓励外国直接投资。中国也是亚洲促进供应链和投资决策的地理中心。如日本、韩国、中国台湾地区、越南、马来西亚和新加坡等日益被视为围绕中国这个中心的辐条。

1）要素创造机制

政府在国家、地区以及本地的层面上有效地保持基础设施建设的高投资率以促进经济增长。无论是政府还是中国的传统文化都非常重视教育。这使得中国拥有充足的高学历并具有积极性的劳动力。中国的劳动力按照世界标准非常低廉，并且由于其有管理的浮动汇率，这些成为中国创造出低成本商品的一个关键的竞争要素。政府继续指导并鼓励私有部门向各类部门和行业，包括高科技、生物科技和一系列的重工业的价值链上游移动。中国已经积极地获取了全世界最好、最新的技术，允许私有部门自由地复制、还原工程并且以很快的速度获取世界上的知识产权——可能比此前的任何一个亚洲国家都要快。政府对外国直接投资，特别是对研发的鼓励已经成为这一战略的一部分，这已经获得惊人的收益。在过去的几年中，世界对中国的看法已经发生了巨大的改变。在20世纪90年代，中国被视为高风险市场，中国是一个不适合作为地区性总部、研发、最高技术和最高科技投资的地方，但是这些全都已经改变。过去投资于东南亚国家和地区，如中国台湾地区、泰国、马来西亚和新加坡的跨国公司（MNCs），现在直接在中国投资。中国现在已经被国际商业团体视为低风险、利于商业运作的国家。有管理的浮动汇率使其保持了极低的出口成本，并刺激了关键产业的增长。

2）选择性要素劣势

经济的急速增长造成了中国某些地区高技术劳动力的短缺。农村的教育系统仍然极其落后，不适应现代化的、日益增长的工业化经济。在农村和一些城市的大量贫困失业人口如果不能融入经济运行，就有可能会转化为巨大的政治风险。收入差异的日益加大也成为社会不稳定的因素之一。世界性的商务语言是英语，英语在中国仍不能广泛地使用和理解。这就使得在中国做生意要比在中国香港地区、新加坡或印度困难。中国的部分地区，特别是农村和内陆地区，基础设施不发达，阻碍了经济发展。取得如此进步的中国仍然是一个新兴市场经济体，在中国做生意仍然面临着大量的挑战。

3）中国的需求状况

事实上，中国的一个巨大优势就是拥有世界上最大的国内市场。这意味着，中国公司可以在本国市场首先开发、销售并且创造大的公司、品牌和产品，然后进入国际市场保持有利的地位。联想对IBM公司个人电脑业务的收购，以及海尔对几个白色家电公司的收购就是众多案例中的两个。中国的消费者通常被过度描绘成商品导向型和价格敏感型。日益增长的中产阶级创造了对除低端商品以外的所有类型商品的需求。国内消费者越来越具有质量和品牌意识。中国人也似乎热切追求西方顶级品牌和公司的质量及声誉。中国高储蓄率在某种程度上是由于消费金融部门不成熟造成的。随着便捷的消费信用的扩展，可以预计到各类消费需求将会激增。更多种类的住宅抵押贷款（更长期限的、可调整利率的、只付息的抵押贷款）将会增加对住宅的需求，特别是中产阶级的住宅需求。

4）中国的相关及支持产业

中国在每个主要部门的重工业都有强大的支柱。它支撑了巨大的并且仍在继续增长的制造业部门。除某些原材料以外，几乎所有的主要投入都可以在国内找到。中国主要的弱点就是相对落后的服务业，无法跟上产业增长的步伐。这就是人们常说的问题，这个国家由强大的"硬件设施"（工业基础和基础设施），和落后的"软件设施"（服务业）支持经济。这就制约了中国经济向更高附加值部门发展，如软件的出口。消费者服务行业尤其落后。中国的许多产业并不是处于前沿和创新水平，这导致它对外国技术的持续需求。中国为了能够在商业领域成为领头羊，它必须发展创新能力。

5）中国的公司战略、结构和同业竞争

中国仍有大量的国有企业（state-owned enterprise，SOE）。一些国有企业效率低下，过度使用公共资源并且挤出私人部门的投资。私人部门产生了涉及各类行业的创业型企业。家族企业正在繁荣发展，并且在快速进入市场和激励经理人方面具有明显的优势。但是，在扩展性方面，家族企业面临着限制。国有企业主要面向规模市场生产低成本的同质商品。而私人企业，在价格和质量上非常具有竞争力。专门生产出口产品的企业在质量上基本具备与西方企业相同的水平，但在成本上更具竞争力。具有国际经验的职业经理人很短缺。中国文化的企业性质确保了在最高增长率的行业中新竞争者不断出现。

6）政府的作用

政府在经济发展、设定目标产业以及设定经济构成和增长目标等方面发挥了积极的作用。政府已有效地为基础设施关键领域的投资开通渠道，如高速公路、铁路、公共交通、机场和电信业。政府正继续在改革方面取得进步。

7）机遇的作用

中国拥有漫长的海岸线，有许多深水港，从沿海城市出口效率非常高并且成本很低。中国位于未来50年最具经济增长潜能的地区的中心位置。中国还有幸拥有提倡努力工作、创业精神、财富创造和教育的文化。中国政府也异乎寻常地致力于经济发展，并且不会像其他新兴市场国家那样因特殊政治利益集团而陷入困境。当前的国家领导人是非常有效的、"专家治理"的管理。中国的大量人口（13亿），曾经被认为是一个严重的不利因素，现在却被视为是一个关键性的优势，它使中国具备了领导世界经济、政治和文化力量的能力。

8）未来竞争优势

中国不仅在低成本上取胜，而且在质量上和各类商品及部门的产品细分上取得成功。随着充足的廉价劳动力供给不断流入城市，工资上涨的压力将会减小。中国的产业和政府似乎热衷于持续提高各行业的价值链，无论是建筑设计、建筑还是汽车。它们有可能还会继续从全世界借鉴、接受最好的、最具创新性的实践、程序和技术。中国占有稳定或支配性市场份额的行业和产品的名单会继续不断地增加。跨国公司 FDI 正在以惊人的速度增长，它们带来的资本和能力引发了中国经济的迅速增长。

3.3 房地产市场

人们普遍认为，当前房地产行业的增长速度至少在未来 5 年将持续。在未来的几年中，通过固定资产投资推动的增长将会减少，更多的是通过消费支出推动。预计房地产投资将会更广泛地分布在全国各地。城市化将是房地产投资的主要驱动力。根据城市人口增长率的估计，到 2015 年新增城市人口将达到 2 亿，届时将有 60% 的人口居住在城市。[①] 这一增长将带动住宅、消费品和基础设施的需求。随着工资上涨和储蓄率下降，预计消费阶层将会惊人地增加。

缺乏充足的投资性物业是在中国进行投资的主要障碍之一。最具潜力的是二线城市，但是由于缺乏可以买卖的投资性物业，因此还需要进行发展。税收体制，包括缺乏可预见性的、差异化的税收结构（当地、区域、省市、国家）以及高资本收益通常迫使投资者为了不影响物业转让而买断现有物业持有人的份额。这种做法使买方承受了额外的风险和尽职调查要求。考虑到能力、利益和声誉有可能不统一，寻找一个合适的本国房地产合作伙伴是一个重要的挑战。然而，中国的开发合作伙伴在技术和成熟度方面正在不断地提高。这就意味着更多的投资将是增值的或新开发的——从简单的核心投资提升为风险投资。在过去的几年，随着国家外汇管理局（SAFE）相关规定的实行，将利润汇回本国更为便利并且风险更低。然而，SAFE 的登记程序放慢了收购过程，这使得追求优质物业（更短收购期）更加困难。这些规定详见附录。

中国的房地产部门高度分散——甚至在任何一个城市，最大的开发商控制的份额也不超过 10%。多数的当地开发商是来自非地产行业，例如制造业或重工业。这是因为这些公司可以获得土地和融资。由于高速的城市化，许多密集型劳动企业地理位置优越。过去的 10 年，关闭、搬迁和重建这些地方一直是中国房地产的重要主题之一。在这些交易中处于有利地位的开发商盲目地利用这些机会进行开发，但是他们往往又缺乏能力、经验和专业性。

外国房地产公司在 20 世纪 90 年代末开始进入市场。它们大多数来自于中国香港地区、新加坡、日本以及南亚国家，占中国房地产公司总数的 9%。美国的公司是较晚进入市场的，虽然它们在过去几年的参与成倍增长。主要的国际零售商将延续爆炸式的增长趋势（如沃尔玛、家乐福和麦德龙）。大多数外国投资者仍不愿意在一线市场以外进行投资。

---

① World Bank , Urban Development and China, http: // go. worldbank. org/LHTNOP9GU0.

沿海和内陆地区的经济增长率一直存在着很大的差异。近期，政府做出艰苦的努力在非沿海城市吸引更多的投资和开发。与美国在 19 世纪的做法一样，政府强调这个"西部大开发"政策。在中国，这意味着内地省份的中心城市将会经历国内其他许多地区曾经经历过的大开发状态。

除非证券市场的业绩能快速改善，否则投资基本上很可能会继续流入房地产行业。在过去 10 年，中国约有 80％ 的房地产投资直接进入了住宅行业。然而自 2001年以来，商业房地产和其他类型的房地产开始获得投资——预计这一趋势仍将持续。2000 年至 2008 年，由于自有住房的鼓励政策和宽松的贷款政策的实施，居民住宅的投资增长了 6 倍多，商业房地产投资也同期增长了约 4 倍。

尽管过去 5 年房地产行业发展迅猛，但房地产价格仍相对便宜，政府在基础设施上支出庞大，并且人民币升值使得人民币标价的资产价值更高，这些都是中国吸引投资者的原因。中国房地产的吸引力已经使地产股快速上涨。此外还带动了中国香港的开发商和外国银行在内地设立房地产公司。

由于担心房地产市场过热并出现投机泡沫，中国政府采取了一系列措施给房地产市场降温。

戴德梁行物业管理有限公司表示，由于全球经济衰退的影响，投资地产市值在2007 年经历 19％ 的强劲增长后，2008 年在亚太地区以本币计价的投资地产市值下降 8％，以美元计价的投资地产市值下降 1％，这是自 2001 年以来的首次下降。[①]然而，预计中国内地将于 2010 年，在其他主要市场如日本、中国香港地区和新加坡之前恢复上涨。

在长期，尽管由于当前的全球经济衰退引发中国的房地产行业出现下滑，但是预计房地产行业会快速发展，尤其是在大城市。特别是，北京作为 2008 年奥运会的举办城市，推动了其周围地区的发展。2010 年世博会在上海的举办，也同样会促进上海周边地区的发展。中国加入世界贸易组织（WTO）同样推动了房地产市场的上涨趋势，这是因为对商业地产的强劲需求。

3.3.1 房地产外国直接投资

近年来资本投资增长最快的领域之一就是房地产投资。自 2000 年以来，房地产开发投资以每年 20％ 的速度增长，其中 2003 年和 2007 年增长率达到 30％ 的高峰。[②] 在中国改革开放后，房地产投资繁荣起来，这是因为政府资金倾向于"生产性"投资，特别是急需的基础设施项目。

中国的房地产行业，包括住宅和非住宅房地产的开发，已经成为全国最热门和发展速度最快的行业之一。经济的强劲增长和中国城市化人口快速的增加推动了房地产行业的扩张。

---

① DTZ Debenham Tie Leung, *Asia–Pacific Property Investment Guide* (2007/2008) .
② *China Commerce Yearbook* (2008) .

截至 2008 年末，全国城市建筑总面积接近 170 亿平方米，超过 1990 年 4 倍多。总体来看，非住宅的占地面积从 1990 年的 19.8 亿平方米增加到 2008 年的 51.2 亿平方米，增加了 2.6 倍，住宅占地面积同期增加了 6 倍多（见图表 3.7）。

图表 3.7 　　　　　　　　　中国城市建筑占地面积　　　　　　　单位：10 亿平方米

	1990	1995	2000	2005	2008
总占地面积	3.98	5.73	7.66	15.44	17.19
住宅占地面积	2	3.1	4.4	10.3	12.1
非住宅占地面积	1.98	2.63	3.25	5.16	5.12

资料来源：中国国家统计局：《中国统计年鉴》，1990—2008 年。

但是，自 2000 年以后，房地产活动大多是由实际需求推动的，因为 20 世纪 90 年代末开始，人们开始有权购买自己的住房（此前绝大多数城市住房是由政府机构或国有企业或免费提供或以较低租金出租）。即便如此，政府还是在 2004 年和 2005 年对房地产市场进行了干预，以抑制房地产的过度投资和房地产市场价格泡沫，如上海和首都北京，该现象在 2005 年得到缓解。自 2006 年以来，出台了几项促使过热的房地产行业降温的政策，直到最近的全球经济危机，政府才再次转变政策。

1）房地产市场的类型

中国整个房地产市场都是充满活力的，在资本流动和投资规模上发展快速。在中国，外资房地产公司超过 5 600 家，其中包括中外合资企业或合作企业，以及超过 1 000 家的外商独资企业。中国香港地区是最大的投资者，占了外商投资总额的 75% 以上，紧随其后的是美国和中国台湾地区。

中国的房地产市场属于萌芽和成长型市场。有充足的机会进行创新并建立市场份额。许多房地产投资策略的内在回报可能很高。

2）市场增长率（和规模）

市场增长率非常惊人。中国可能是世界上最大的市场，拥有大型的一线市场和 100 多个二线市场。激增的需求支撑了巨大的增长——GDP 增长率、收入、人口、城市化、高质量产品的需求，以及其他因素的需求都很强劲，这也将继续推动房地产市场。

3）产业潜能

产业蕴藏着巨大的潜能。一线和二线市场以可观的速度扩展。中国是世界工厂。它的产业部门，以及（很快）它的服务业部门就会创造出对各类房地产的巨大需求——住宅（销售型住宅、酒店式公寓和租赁型住宅），写字楼（中央商务区和研发区），零售商业物业（商场、购物中心、商店），酒店（豪华级和商务级）以及工业物业（仓库和物流，尤其是在港口）。

4）产品线的广度

产品线仍有待发展，有些甚至还不存在。不同类型房地产产品的需求明显地被抑制。财富不断增长并且追求质量的中产阶级对豪华和中级房地产有着巨大的需求潜力。中国已经是世界上高资产净值人士（high net worth individuals，HNWIs）增长速度最快的国家之一，高资产净值人士是指那些除房地产外，金融资产至少100万美元的人士。

5）竞争者的数量和质量

中国大约有 62 500 家房地产开发商，还有更多的企业以这样或那样的方式涉足房地产投资。竞争者范围广泛。大多数的新建公司和工业公司的分支机构被房地产开发的高回报和诱惑力所吸引。这些公司大多效率低下，缺乏最佳的实践知识，并且生产的产品质量可疑。物业管理仍很初级，并且通常被视为一种长期收费的名目。几乎没有区域性和全国性的公司。许多公司不够成熟，大部分员工的房地产经验相对较少。这些公司的金融分析、设计、建筑管理技术、项目管理、营销和资产管理还处于初级水平。

6）进入和退出的难易程度

进入和退出市场都相当困难，这需要相当长的时间、规划、法律基础和谨慎的执行。中国不是一个没有周密的计划、调研和必要的基础工作就能轻松进入的市场。在这个国家开始重要的交易前，必须和商业合作伙伴以及当地、地区和国家的政府建立联系。一个早期的失误可能会失去一个城市或地区。因此如何建立法人实体和投资工具是非常重要的，也是必须及早规划的。

7）技术和生产力

中国渴望在各个方面都赶上并超越世界，包括房地产和工业等行业。有许多引进世界级设计师和建筑技术的例子。但是，总体来说，房地产和建筑行业低效率的技术和科技水平导致生产的都是低于甲级的产品，不过这种现象正在快速地改变。一般来说，与香港地区接壤的南方地区（深圳和广州）、上海和北京显示出了很高的科技水平和生产力。这些城市同样从外国投资者和开发商那里获益。

3.3.2　法律法规

在中国做生意主要考虑的因素是经营、法律和监管环境，可能比在印度和巴西考虑的还要多。本章的目的不是介绍法律规则的细节，而仅仅是使投资者对应首要考虑的问题有更高层次的认识。中国的房地产市场仅仅对私人投资者开放了不足 20 年。在中国从事房地产生意，法律框架是主要的风险因素之一。这不利于进行大型固定资产投资。在做任何生意之前，都应该首先考虑法律架构。没有适当的法律基础，就会在为投资进行融资和利润汇回问题上面临严重的困难。关于指导经营的法律和程序的更多细节请见本书附录 B：中国房地产市场惯例。

外商投资于中国房地产所采取的外商投资企业（foreign investment enterprise，FIE）形式通常是中外合资企业（foreign equity joint venture，EJV）、中外合作企业（foreign cooperative joint venture，CJV）或是外商独资企业（wholly foreign-owned enterprise，WFOE）。

外商独资企业是完全由外国投资者所有的、在中国境内设立的企业，通常采用有限期的、股东责任以其认缴的出资额为限的有限责任公司形式。根据商务部的统计，无论是根据实体数量还是投入资本，现在外商独资企业都占了在华外国直接投资的大部分。外商独资企业的所有者权益转让须事先获得商务部或其当地的分支机构的批准。

中外合作企业是由一个或多个外国投资者和一个或多个中国投资者在中国境内共同设立的有限期的、具有法人资格的有限责任公司或不具独立法人资格的中外合作企业（类似于普通合伙）。中外合作企业的组织结构相对灵活。例如，中外合作企业的股东可以不按照出资比例共负盈亏。中外合作企业所有者权益转让须事先获得商务部或其当地的分支机构的批准。

中外合资企业是由一个或多个中国投资者和一个或多个外国投资者在中国境内共同设立的有限期的有限责任公司。中外合资企业的投资者严格按照出资比例共负盈亏。中外合资企业在许多方面类似于西方公司的模式。中外合资企业的所有者权益转让须事先获得中外合资企业其他股东、商务部或其当地的分支机构的批准。

外商投资企业的筹资文件必须标明在外商投资企业的投资总额。这一金额的一部分必须作为注册资本（最低资本），这取决于总投资规模，图表3.8是以在上海投资为例。

图表3.8 外商投资企业安排

交易总金额	<1亿美元	时间	>1亿美元	时间
资产交易	上海市外国投资工作委员会	1~2个月	商务部	3~4个月
	国家外汇管理局	1~2周	上海市外国投资工作委员会	1~2个月
	上海市分局		国家外汇管理局上海市分局	1~2周
	上海市房屋土地资源管理局	1~2个月	上海市房屋土地资源管理局	1~2个月
权益交易	上海市外国投资工作委员会	1~2个月	商务部	3~4个月
	国家外汇管理局	1~2周	上海市外国投资工作委员会	1~2个月
	上海市分局		国家外汇管理局上海市分局	1~2周

资料来源：上海市商务委员会（2008）。

2006年7月颁布的关于禁止外国投资者在境外直接投资于中国房地产的新法规，有效地迫使外国投资进入更为传统的境内公司。[①] 由于这一监管的收紧，建立境内公司投资于中国的房地产也要受到更高程度的行政审查并且要求在总投资中占有更高的资本出资比例。

法规规定：

1. 禁止境外投资。为购买中国的房地产，现在外国机构和个人（见下文讨论的自用例外）必须使用境内公司。这意味着外国投资者为了投资各种形式的中国

---

① "New Policies Affecting Foreign Investment in Chinese Real Estate," *Xinhua News*, July 31, 2006.

房地产，就必须获得批准建立外商投资企业（FIEs）。

2. 自用例外。在中国有分支机构或是代表处的外国机构以及在中国工作或学习的外国人允许购买房地产用于自用。

3. 境内投资限制。

（i）建立大型房地产外商投资企业要求更高的股权比例。将外国投资房地产的注册资本从原先的大额交易（原来要求投资总额3 000万美元或以上）不得低于投资总额的33%，提高到现在的不得低于投资总额（投资总额的门槛降低到1 000万美元或以上）的50%。

（ii）至于收购，外国购买者必须满足所有的先期支付的收购支付义务。

（iii）涉及房地产外商投资企业的股权交易以及外国收购本国房地产公司的问题，现在需要经过严格的审核，并且获得商务部的批准（以及其他必要的审批）可能变得更加困难。

（iv）如果外国投资房地产公司：（a）不能全部支付注册资本；（b）未能合理取得土地使用许可证的，国家外汇管理局将不允许其将外币兑换为本币。

（v）外商投资房地产企业的中外投资各方不得订立固定回报条款。

在2008年7月，中国国家发展与改革委员会颁布了"关于进一步加强和规范外商投资项目管理的通知"。这一准则规定了外商投资5 000万美元及以上的房地产项目，必须由国家发展与改革委员会核准，外商投资低于5 000万美元的房地产项目须由省级发展与改革委员会核准。在某种程度上，减少了外商投资房地产必要的申请时间。

3.4 物业类别

本节是房地产市场的总体概述，并进一步对每一类别进行了详细分析。在某种程度上，中国房地产市场是世界上最有前途的房地产市场之一。所有的房地产类别都有强劲的需求，除了少数市场存在局部的供给过剩问题。但是，房地产市场存在着独特并且严重的风险因素。

人们普遍认为，当前房地产行业的增长率将持续至少5年。在未来的几年，由固定资产投资推动的增长将会减少，而更多的是由消费支出推动。预计商业房地产投资将更分散于全国各地。城市化将是房地产投资的主要驱动力。据估计，到2015年城市新增人口将达到2亿。① 这一增长将带动住宅、消费品和基础设施的需求。随着收入增加和储蓄率降低，消费阶层将会持续增加。

或许二线城市具有最大的潜力，但是由于缺乏可以购买的投资性房地产，所以二线城市还必须进行开发。房地产投资信托基金在未来将会成为一种普遍的退出策略。在中国，证券化刚刚兴起，将会扮演重要的角色。当地银行正处于发行住房抵

---

① World Bank, *China's Rapid Urbanization: Benefits, Challenges & Strategies* (2008).

押贷款支持证券（residential mortgage-backed securities，RMBS）的过程中，但是当前的金融功能失灵延误了这一过程。尽职调查和缺乏透明度是中国房地产投资的主要问题。税收体制，包括缺乏可预见性的、差异化的税收结构（当地、区域、省市、国家）以及高资本收益通常迫使投资者为了不影响物业转让而买断现有物业持有人的份额。这种做法使买方承受了额外的风险和尽职调查要求。

考虑到能力、利益和声誉有可能不统一，寻找一个合适的本国房地产合作伙伴是一个重要的挑战。缺乏充足的投资性房地产是在中国投资的主要障碍。这就意味着更多的投资将是增值的或新开发的——从简单的核心投资提升为风险投资。在过去的几年，随着国家外汇管理局相关规定的实行，将利润汇回本国更为便利并且风险更低；然而，国家外汇管理局的登记程序也放慢了收购过程，这使得追求优质物业（更短收购期）更加困难。

在 20 世纪 80 年代以前，大多数房地产为国家所有，没有私人住宅。1978 年经济体制改革后，中国政府开始实行所有权和土地使用权的分离，并且也出现了合法的房地产私有权。取消外商投资中国房地产的限制是一个重要的里程碑。这一改变是发生在 2001 年整个国内市场对本国和外国投资者开放的时候。在目前的体制下，政府仍然保留所有权，通过长期租赁的形式向开发商出售可流通和可持续的土地使用权，这种方式通常持续 40 ~ 70 年。在过去，大多数土地都是通过私下协商取得的。其结果是，与当地开发商有着密切关系的投资商就可以以非常低的价格取得黄金地段的土地。但是，许多大城市的政府已经在单一开放的市场采取拍卖或招标的方式销售国有土地使用权。

零售抵押贷款市场也已经放开。可以通过住房公积金或许多商业银行获得住房贷款。由商业银行提供的住房抵押贷款的贷款期限已经从 10 年增长至 30 年，贷款价值比（loan-to-value，LTV）也上升至物业价值的 80%。这反过来也刺激了住房需求，特别是难以全款购买的更新、更高档的住宅。

中国房地产行业有近 62 500 个房地产开发商。这个行业高度分散——甚至在任何一个城市最大开发商的控制份额也不超过 10%。大多数的当地开发商是来自非房地产行业，如制造业或是重工业。这是因为这些公司可以获得土地和融资。由于高速的城市化，许多密集型劳动企业地理位置优越。过去的 10 年，关闭、搬迁和重建这些地方一直是中国房地产的重要主题之一。在这些交易中处于有利地位的开发商盲目地利用这些机会进行开发，但是往往又缺乏能力、经验和专业性。外国房地产公司在 20 世纪 90 年代末开始进入市场。它们大多数来自于中国香港地区、新加坡、日本以及南亚国家，占中国房地产公司总数的 9%。美国的公司是最近才进入中国市场的。例如，2002 年美国汉斯有限合伙公司完成了它在中国的第一个项目，目前它已经在北京和上海开发或投资了 6 个项目，包括写字楼、住宅、公寓和综合性物业。

4 个一线的房地产市场是：（1）上海；（2）北京；（3）广州；（4）深圳。二线城市是指人口超过 100 万的城市。大多数投资者认同最具增长潜力的是二线城市。但是，在这些城市很难寻找可供投资的项目。因此，在二线城市的投资可能更具发展性和增值性。一些投资者充分利用了二线城市的增长，集中于这些城市的零售和物流物业。主要国际零售商的爆炸式增长（如沃尔玛、家乐福和麦德龙）标志着这一趋势仍将持续。许多投资者仍不太愿意在一线城市以外的地方进行主要的交易。

3.4.1 写字楼

在主要城市，如上海、北京、广州和深圳对甲级写字楼的需求仍然非常强劲。由于承租的公司争夺办公空间，这些城市的强劲需求推高了价格和租金（见图表3.9）。

图表3.9　　　　　　　　　　　　　　**写字楼市场概览**

市场因素	市场特征	推动力	未来趋势	商业机会
新开发项目的需求	对写字楼的强烈需求集中在主要城市	金融和服务业的快速发展	随着产业快速扩建，需求可能增长更强烈	一线市场上对甲级的先进的写字楼需求增长
新开发项目的供给	集中在主要的市场，设计和质量都有所提升	人民币升值，资金支持以及新建需求	可扩展的开发概念将继续；投机性开发会使租金增长率缓慢	寻求更多的受限地段的供给，如CBD区域
投资市场支持	缺乏充足的交易以获得有效的收益数据	大多数资本是由传统的固定收益投资发展起来的	相对于资产投资，逐步向实体投资发展	引导美国的固定收益投资投向中国的更高的核心回报率
债务市场	项目周期长；2009年有充足的流动性	政府鼓励信贷以刺激经济	由于监管部门打击过度信贷，利率可能上升50~100个基点	利用低成本的美国和国际债务

在过去的几年，由于外国投资者和当地开发商合作，建筑质量有了很大改进。因此，现在写字楼的承租人可以更好、更有针对性地进行选择。近几年，承租人已经渐渐地从最初的制造商和消费品生产商转变为服务提供商，如咨询顾问、会计师和律师。

中国大多数的写字楼仍远落后于国际标准，但是主要城市和二线城市的建筑设计和规格正在不断改进。

由于真正的甲级建筑物在全国各地的供应量相当少，使得需求受到抑制。随着服务业的不断发展，写字楼的需求也在上升。此外，随着中国的公司成为企业舞台上的世界领先者，它们需要高水平的办公地点和地区办事处。

2006年，中国金融业的开放使得对甲级写字楼的需求变得愈加强烈，因为外国金融机构扩展其在中国的业务以确保更大的市场份额。随着外国投资在国内市场的持续增长，特别是在金融、保险、零售和电信这些行业，跨国公司将需要更多优质的写字楼。

3.4.2 住 宅

在 2008 年和 2009 年初，在政府从紧的政策和全球经济危机的背景下，中国一些城市的住宅开发速度放慢，但是从 2009 年中期，复苏的信号已经开始加强。在 20 世纪 90 年代末，随着中国居民有权购买住房开始，住宅市场的繁荣就主要由"基本需求"推动。但是，近几年来，北京和上海不断增加的交易量已经开始具有投机的性质。由于关注房地产泡沫，政府在 2004—2005 年对市场进行干预，使房地产市场降温，在 2008 年末，由于担心经济增长速度放缓，政府才放宽调控政策。

政府采取一系列的措施来治理投机，包括取消住宅购买者的税收减免，收紧对银行土地购买贷款的管制，以及提高抵押贷款利率、最低首付比例和转售新购住宅的资本利得税（见图表 3.10）。

图表 3.10　　　　　　　　　　　**住宅市场概览**

市场因素	市场特征	推动力	未来趋势	商业机会
新建住宅的需求	自有住房比例相对较高；主要市场交易有较高的投机性	城市人口增加；政府通过利率刺激市场	随着全国中产阶级的增加，高质量的住房需求将增加	在主要市场开发国际标准的住宅以满足异常强烈的需求；应满足对甲级住宅的需求
新建住宅的供给	高度关注一线和二线城市，并向周边市场扩展	自有住房、资金的获得及政府投资增加	警惕投机交易和住宅市场泡沫	中低收入家庭的需求可以得到满足，随着快速的城市化，这一需求不断增加
投资/开发商市场	对现有投资者来说，项目周期短、雄厚的资金支持是先发优势	城市人口增加；生活水平提高	在住宅开发上，本国和国际竞争将会加剧；对最佳交易和开发伙伴的竞争提高；对不法开发商的监管加强	给当地开发商提供资金（股权），利用当地企业专门知识
债务市场	对业主来说：15 年期的抵押贷款利率为 6%	如果中国政府和本国银行不鼓励贷款，那么债务市场将存在机会	随着政府开始稳定住宅市场，利率有可能会上升	第一抵押贷款是可以的，但是投资收益率可能低于股权

时任中国房地产业协会会长杨慎认为，预计在未来的 10 年，中国住宅面积将增长 55 亿到 60 亿平方米，或 7 000 万套。根据中国住建部的统计，1980 年至 2000 年中国房地产行业保持快速增长，城乡新建住房达到 203 亿平方米，与过去 30 年相比增长了两倍。[①] 随着生活水平的提高，住房消费将成为经济增长的一个重要推动力。拥有宽敞舒适的住房是大多数中国人的主要目标。

---

① Ministry of Construction of China, *The Real Estate Market Supervision Statistics* (2004).

根据 2007 年底中国住建部的统计，在中国大约 83% 的城市居民拥有自己的住房。人均住房面积约 28 平方米（约 300 平方英寸）。在那些没有自己住房的居民中，51% 计划在 10 年内购房，12% 计划在 10 年后购房。仅有 18% 的居民选择租房而不是购买住房。

3.4.3　零售物业

尽管中国的人口规模庞大，但是现实的趋势还是要看消费层次的增长。目前，约 3 100 万家庭的年收入超过 5 000 美元——这是经济学家普遍认为可以自由支配消费支出的水平。显然，这一比例正在均衡快速地增长。这一增长的基础是实际收入的增长，实际收入的增长是由更高的收入水平和提高的生产率以及储蓄率的下降推动的，导致储蓄下降的原因是新金融产品的出现和消费者行为的改变。消费阶层的增长将给零售业创造大量的机会。

优质的零售物业市场见证了在中国主要城市的旺盛需求。海外零售商继续在中国扩大规模，甚至已进入二线市场。例如，在 2009 年 1 月，沃尔玛就在 1 个月内开了 17 家店。在当前全球经济下滑的时候，它的扩张计划仍然如此庞大（见图表 3.11）。

图表 3.11　　　　　　　　　　　　零售物业市场概览

市场因素	市场特征	推动力	未来趋势	商业机会
新建零售物业的需求	贯穿中国地铁的零售商场快速发展，大多数是垂直的，"密集的商场"	由高工资和生产率提高推动的实际收入；中产阶级人数激增	可自由支配消费的消费阶层增加	大型、国际水平的商场和生活中心正在扩张，细分市场、提高购物体验和设计中心质量的机会
新建商场的供给	主要在一线城市并扩展到二线城市	中国中产阶级的激增和家庭收入的提高	巩固商场地段，减少供给可以解决市场供应过剩的情况	在城市受限地段还不存在供给
投资/开发商市场	对现有投资者来说，项目周期短、雄厚的资金支持是先发优势	商场的供给刺激了收益，分层产权销售上升	随着新市场的开放，投资将继续流入这一类别，特别是二线和三线城市	由于潜在的供给过剩，因此零售地产投资要谨慎
债务市场	2009 年有来自本地银行大量的商业贷款	如果中国政府和国内银行不鼓励贷款，那么债务市场将存在机会	一线市场可能会存在购物中心的过度供给	在二线市场可能存在更好的机会

3.4.4 工业物业

在中国工业不断发展的背景下，工业物业快速发展。中国工业化的规模和速度可能不匹配。随着工业制造和出口每年刷新纪录以及中国工业基础和经济的全球化，新建的专业化的仓库和物业设施的需求变得强烈，特别是在具备工业经济基础的港口城市。在过去几年中，跨国公司已经将生产线转移到中国。这不仅增加了对工业建筑的需求，也增加了对仓库和物业中心的需求。加入 WTO 后，中国的法律已经相应变化，允许外国公司配送自己的产品，这就使外国公司在这一领域开始变得活跃起来。推动外国公司进入中国制造业设施领域的另一个动力就是它们具有打入当地中国消费品市场的能力。

工业部门的发展也和"工业区"的发展密切相关。中国的工业区是按照政府级别进行分级的，包括中央、省、直辖市或地方政府。政府级别越高，获取资金支持、基础设施投资和土地供给越容易。工业区的开发也得益于外国直接投资的资金流入。

以前，外国公司主要对出口产品的制造设施感兴趣。最近外国公司已经开放制造设施以进入中国本地的消费品市场。另外，由于中国在工程、IT、科学和其他研究领域的合格专业人员供给充足并且成本低廉，跨国公司为了从中获利，不断地将研发中心落户中国（见图表 3.12）。

图表 3.12　　　　　　　　　**工业物业市场概览**

市场因素	市场特征	推动力	未来趋势	商业机会
新开发项目的需求	随着全国的工业制造和出口持续扩张，需求很高	全球化、工业制造和出口的增长是中国的工业基础	对新的、专业化的仓库及物流设施的需求很强烈，特别是在港口城市	土地稀缺使得二线和三线城市成为工业发展的适宜选择
新开发项目的供给	供给大部分集中在一线市场；在制造和研发方面，二线市场正在被关注	土地价格提高；工业用地的严格监管和授权	更多的国内工业和物流业使工业物业的需求增加	一线城市的市场已经很发达并且开始紧缩，而给二线市场提供了新的机会
投资市场支持	越来越集中于二线市场和国内设施	中国将继续主导全世界的制造业出口；进口也在上升	随着中国经济的持续发展，将成为一类重要的投资物业	如果有更多的可投资的资产和公司，那么工业物业将有巨大的经济利益
债务市场	目前有大量来自国内银行的商业贷款	国际工业投资者带来外国资金的机会	一线沿海市场的仓库配送中心的供给过剩	在二线市场可能存在更好的机会

选址、兴建厂房更集中在主要城市，如北京、上海和广州。但是，目前的一个趋势是一些公司开始从一线城市迁至二线城市或是西部和内陆地区的新兴城市，如西安和成都。在那些主要城市里，日益增大的土地压力有可能导致土地价格的进一步上升以及城市工业用地的短缺。因此，预计今后越来越多的公司会将工厂建在二线或三线城市。

2004 年末，国务院办公厅发布了一个关于深入开展土地市场治理整顿、严格土地管理的通知，这是中央政府为固定投资和房地产市场降温所作努力的一部分。工业用地的限制条件越来越多，成功获批的越来越少。因此，工业用地的供给在主要城市更加收缩。当前，在主要工业区，空置地块变得稀少。

■ 现在更多的原来主要集中在北京、上海和广州的制造业工厂从这些城市迁至二线或西部和内地的新兴城市，像西安和成都。这些城市的整体基础设施快速发展，并且在这些城市还会因为具有竞争性的土地价格和更廉价的劳动力而节约成本

■ 中国的其他城市也将成为更常见的选择，不仅仅是制造企业也包括研发中心

工业物业的投资正在增长，不仅因为出口行业也包括国内的工业和物流业的增长。

3.4.5　酒　店

自 2000 年以来，北京和上海市场的酒店需求不断增加。北京的五星级酒店在 2008 年期间，尽管入住率降至 52%，但达到了 1 236 人民币（181 美元）的最高日均房价（average daily rate，ADR）。上海作为中国的金融中心，也是一个优质的投资地点。2008 年，上海的五星级酒店的日均房价为 1 233 人民币（180 美元），入住率为 60%。由于全球经济危机以及 2008 年北京奥运会之前酒店供给过大，北京和上海的酒店日均房价和入住率受到了负面影响，在接下来的两年仍将面临压力。但是，预计在长期将保持稳定增长。

在中国，土地成本上涨迅速，投资面临着挑战。另外，投机主义的投资者已经从小规模的、投机性的初始投资中获利，如低端酒店。大多数酒店仍然是国有的。有关于经济增长的大肆宣传来自于运营商，而不是投资者，他们热衷于利用对未来 10 年的惊人增长水平的预测。中国有望成为世界最大的旅游目的地。为此，全国正在发展基础设施，在未来的 20 年中，将建设约 80 个机场、30 000 公里高速公路。国际连锁酒店敏锐地捕捉到这样的增长趋势，并开始寻求进一步的管理机会作为进入市场的更迅速的方式。

根据世界旅游组织的统计，中国在 2015 年预计将有 1 亿名外国旅客，在 2020 年前，中国将成为世界最大的旅游目的地。① 2008 年，中国共接待 1.3 亿名海外游

---

① World Tourism Organization, *Tourism 2020 Vision-East Asia & Pacific* (2001).

客，包括来自中国香港、澳门和台湾地区的游客。在过去几年中，亚洲的旅游业发展迅速（见图表 3.13）。

图表 3.13　　　　　　　　　　　　　　酒店市场概览

市场因素	市场特征	推动力	未来趋势	商业机会
酒店客房的需求	高需求，商务旅行和旅游增加	来自外国和本国游客的大量需求	未来 10 年，需求可能增加	在一线和二线城市，甲级酒店和商务酒店的开发显示出旺盛的需求和增长
酒店客房的供给	2008 年，酒店入住率受到负面影响；从长期来看，短期的大量供给还可以维持市场的增长	截至 2015 年外国游客数量增至 1 亿人；赴主要城市的国内旅游增加	由于北京奥运会和上海世博会闭幕，酒店供给预计将会增加	随着中国成为主要的世界旅游目的地，政府增加基础设施投资，供给仍会增加；在这一增长趋势和酒店管理方面，存在投资机会
投资/开发商市场	投资是小型的、投机性的；由国内投资者控制	预计未来 10 年惊人增长	高端酒店的需求增加；在中国国际连锁酒店扩张	新开发以及现有资产的购买和增值，调查国际连锁经营酒店公司是可行的策略
债务市场	国内信贷相对强劲	国际连锁酒店的扩张可能带来额外的资本	全国的酒店服务标准化提高	和在中国市场的国际连锁酒店扩张进行合作，存在机会

3.5　一线市场

　　大多数房地产投资都是直接投向 4 个一线市场——北京、上海、广州和深圳。这些市场提供了可供投资的房地产以及充足的基础设施。这些城市还全面覆盖着在行业领先的房地产和咨询公司。这将是一项投资方案的逻辑起点。在过去的一年，写字楼投资主要集中在北京和上海，这主要是受益于银行业和保险业以及其他专业服务机构（包括会计师事务所和咨询机构）的扩张。中国城市地区中产阶级可支配收入的稳步增长带动了零售组织的快速扩张并且刺激了海外零售商的利益。

3.5.1　北　京

　　北京是中国的首都，也是全国最大的城市之一。它拥有城市人口约 1 695 万人[①]，2008 年 GDP 为 1 530 亿美元。2008 年，GDP 同比增长 9%。房地产投资占北京固定资产投资总额的 49.6%，较 2007 年的 50.3% 略有下降。

---

　　①　估计人口为 1 230 万。

1）写字楼

自 2008 年开始，由于全球经济危机和奥运会前供给增加的原因，北京的写字楼市场开始降温。写字楼的建设必须遵守在 2008 年奥运会期间无重大建设的要求。这就意味着开发商和投资者只顾着赶工期和完成，却忽略了市场吸纳情况和市场暂时的过剩问题。

甲级写字楼市场的总体规模大约为 540 万平方米。北京写字楼过剩只是近年来才出现的问题。预计 2009 年将有总计 130 万平方米的新增写字楼进入北京的写字楼市场，其中多数位于中央商务区（central business district，CBD）。

在北京东部地区的高质量写字楼继续吸引外国和高端的国内公司进驻。例如，包括中央电视台（CCTV）和北京电视台（BTV）这样的传媒公司已经迁至中央商务区，这将增强其传媒功能。CCTV 在温特莱中心购买了 3 000 平方米。此外，如北京财富中心和港汇广场这些甲级写字楼开发已经被市场所接受，也都获得了令人满意的租赁效果。

2009 年初，写字楼租金整体加速下滑的趋势反映了承租人和业主对经济低迷的预期。与 2008 年第四季度相比，2009 年第一季度甲级写字楼的净有效租金下降了 9%，降至每月每平方米 207 人民币（30 美元）。2009 年所有子市场的甲级写字楼租金都有所下降。

北京的写字楼市场包括 6 个主要的写字楼子市场。其中 4 个位于北京西区，2 个位于东区。

是否预测 2010 年租赁市场会有强烈的反弹主要取决于未来两年全球和国内对产出的预期需求。在投资市场，在国际投资活动经历一个明显回升之前，恢复对全球金融市场发挥功能的信心是必要的；由于令人满意的国内信贷条件和财政刺激的间接作用，吸引了国内投资者回到市场，因此国内投资活动在 2009 年底可能会复苏。

2）住宅

在成交量下滑至 40% 的惨淡的一年之后，在 2009 年上半年，北京住宅市场的成交量令人振奋。住宅的日成交量令人回想起 2007 年的高峰水平，达到每日成交 500～600 笔。

尽管大型住宅市场增长强劲，但是在这段时期大多数高端住宅项目几乎没有成交量。

跨国公司在应对未来一年黯淡的增长预期时，已经开始降低员工的住房补贴和商务旅行住房补贴。这一削减对酒店式公寓有明显的影响：2009 年第一季度酒店式公寓平均空置率季度环比（Q-o-Q）增长 2.7 个百分点，达到 29.2%；租金季度环比（Q-o-Q）下降 7.2%，降至每月每平方米 171.3 人民币。

豪华出租公寓的平均空置率在 2009 年第一季度继续增加至 21.2%。和酒店式公寓的租金有同样的趋势，下降至每月每平方米 105.3 人民币。租金增长率的疲软和空置率的增加有助于外国职工的预算削减。豪华别墅租赁市场同样受到出租物业需求下降的影响，需求的下降导致了房屋津贴的削减以及别墅租赁市场的淡季。2009 年第一季度豪华别墅的平均租金为每月每平方米 112 人民币，市场空置率为 20.4%。

2008 年底推出的刺激计划在提高购买力意愿上获得了成功，也推动房地产销售市场的繁荣。然而，政策变化的目的是要稳定而不是活跃市场。另外，至今这些政策只是略微影响了北京的高端住宅市场。随着 2009 年市场上约有 10 000 套住宅的供给，价格上涨的压力将会继续加强。

3）零售物业

中国零售业的主体是由沿街的或是在市场里的那些无组织的小店铺构成的。但是，中国的零售商正在迅速转向有组织的零售模式，特别是国际水平的。随着财富水平的增长，开始高度关注质量、时尚和品牌，特别是西方品牌。百货商场和购物中心占据了主导地位。大型超级市场和品类杀手大有前途。购物中心又可以进一步分为超豪华和高端两类。超豪华中心仍然远远超出顾客普遍的收入水平，除了非常富裕的人群。另一方面，高端购物中心则正在经历着巨大的成功。这里出售的大部分商品在中产阶级的购买能力之内。购物中心内的食品优惠（美食广场）吸引了所有的家庭成员，这又反过来延长了家庭的购物时间，增加了常规家居用品的支出。

受全球金融危机的影响，国内经济的短期变动方向不确定，这已经明显制约了北京零售市场上的当前个人消费水平。因为销售利润开始下降并且销售竞争开始上升，零售商已经感觉到了消费水平首当其冲地受到了打击。随着商业活动水平的下降，许多零售商已经推迟了先前的扩张计划，将更多的精力集中在管理和经营当前的店面。

在当前经济环境的背景下，相对那些写字楼和住宅物业，零售物业的投资收益已经上升了。北京市场的交通网络、建筑质量、结构设计、装置、设施以及最为重要的零售物业租金收入的稳定性与前几年相比有了显著的改善，因此，外国和本国的投资者开始关注零售物业，以此作为一个值得考虑的投资选择。

在城市建立真正的甲级购物中心有土地供给的限制。将购物中心从市中心移到城市周边地区包括三环、四环和五环，成为一个普遍的趋势。零售市场的扩大，既有国内零售商增加的因素，也有更愿意进入中产阶级市场的国际零售商增加的因素。由于北京的购物中心和大型超级市场数量的增加，百货商店占有很少的市场份额。预计对零售行业的需求将长期保持强劲势头。

4）工业物业

一个开放的竞争机制已经被引入工业用地的分配，并且"招标—拍卖—挂牌"机制也已经完成。在北京市场，大多数工业经营场所都是定制建造的，有限的物业是出于机构投资者的投资目的。但是，外国投资的准入门槛相对较低并且具有增值空间，因此工业物业部门抓住了巨大的投资潜能。随着由国家计划增加国产产品价值而引发的物流仓储需求的上升以及对研发中心和办公园区兴趣的增加，工业物业部门的投资机会开始扩大。

随着政府对环境更为严格的控制对工业/仓储部门产生了消极的影响。为了保护空气和水的质量，政府已经强制许多易造成污染的工厂远离市中心重新选址建厂。因此，对工业仓库的需求从工业储藏形式转变为以消费分配为目的的形式。

5）酒店

自 2003 年以来，五星级酒店市场的规模迅速扩大，然而在 2008 年和 2009 年市场需求有所下降。2008 年夏季北京奥运会显著地提高了酒店投资和建设。但是随着奥运会的结束，酒店入住率也出现下降。在 2008 年末，北京五星级酒店的日均价格为每晚 88 美元，平均入住率为 52%，是 1999 年以来的最低水平。根据北京旅游局统计，2008 年 12 月这些酒店共有 132 733 个房间。这证明了北京酒店市场在短期内供过于求，因此投资业绩可能会受到损失。

3.5.2 上 海

上海是由中央政府直接管理的沿海城市，是主要的外商投资接受地。上海是中国最大的商业中心，与邻省、直辖市和行政区划有大量的贸易往来。上海在郊区开发了许多卫星城，减少了城市的拥堵。上海是长江三角洲的领头城市，是重要的经济中心，是中国 GDP 增长率最高的地区。在过去的 10 年中，上海已经塑造了投资友好城市的形象，比起其他省份，上海的繁文缛节和程序性延误的情况要少得多。

从 2000 年到 2007 年，上海一直保持着两位数的经济增长率，即使在 2008 年全球经济危机时期，GDP 增长率仍然达到了 9.7%（见图表 3.14）。2008 年的对外贸易规模达到了创纪录的 3 220 亿美元，较 2007 年增长了 13.8%。随着经济和房地产市场的繁荣，上海为国际投资者提供了更为广阔的投资机会。管理房地产投资的法律仍是区域性的，各省各市都不相同。因此，外国投资者可以投资以及汇回利润的便利性有明显的不同。在上海，投资者都很熟悉投资和汇回利润的程序，而在其他城市，可能要多花 12～18 个月来了解这一程序。就这一点而言，中国的二线城市由于可得利润较少，往往被外国投资者忽视。

图表 3.14　　　　　　　　　上海的主要经济指标（%）

经济指标	2004	2005	2006	2007	2008
GDP 增长率	14.20	11.10	12.00	14.30	9.70
人口增长率	2.40	2.10	2.10	2.40	1.60
CPI	2.20	1.00	1.20	3.20	5.80
固定资产投资增长率	25.80	14.80	10.80	13.60	8.30
零售业增长率	10.50	11.90	13.00	14.50	17.90
房地产投资增长率	30.40	6.10	2.30	2.50	4.50
城市居民可支配收入增长率	12.20	11.80	10.80	14.30	12.90

资料来源：中国国家统计局：《中国统计年鉴》（2009）。

仅在 2005 年，上海就完成了比纽约市所有办公大楼的居住和工作空间还要大的高层建筑（上海已经拥有 4 000 幢摩天大楼，这几乎是纽约的 2 倍）。①

1）写字楼

上海的写字楼租赁市场充满活力，只有在 2008 年末和 2009 年初，出现了写字楼需求收缩而潜在供给巨大的挑战。由于许多投资者热衷于获得以人民币标价的资产，因此上海的写字楼市场引起了外国购买者的兴趣。截至 2009 年末，甲级写字楼的总存量预计将超过 600 万平方米。

甲级写字楼的租金从 1999 年到 2007 年也一直在上升，由于巨大的潜在供给和全球经济衰退，租金从 2008 年才开始下降。2009 年第一季度，每月每平方米的平均租金与上一季度相比下降了 5.2%，降至 33.7 美元。浦东和浦西的租金水平都在下滑。自 1998 年以来甲级写字楼的空置率稳步下滑，仅在 2007 年又开始回升。在 2009 年第一季度，由于全球经济危机和大量的潜在供给，甲级写字楼空置率为 16.9%。

2009 年第一季度，写字楼大宗销售包括由上海建设集团和陆家嘴金融贸易区开发股份有限公司以及陆家嘴金融贸易区开发股份有限公司购买的国际客运航运中心和浦项商务广场。价格分别是每平方米 8 175 美元和 2 625 美元。

2009 年大约有 716 092 平方米的新建写字楼投入使用，是 2000 年以来最高的年份之一。新建写字楼占总存量的 10% 以上。尽管大量供给带来了压力，但是上海作为中国大陆地区金融中心的地位已经被中央政府明确，并且可以预见到的金融业的繁荣将提高对优质写字楼的需求。此外，中央银行的货币政策将增加市场的流动性，这在一定程度上增强了投资者的信心，缓解了市场的压力。

2）住宅

2009 年第一季度，尽管其他物业类别受到经济危机的抑制，但是住宅市场保持着相对稳定。豪华住宅的平均租金略有下滑，这有一部分原因是上海跨国公司的外籍人士的预算削减。另一方面整个住宅销售市场的价格和交易量正在回升。在 2009 年第一季度，整体销售量环比稳定增长了 23%。

由于在上海的地理位置优越，卢湾区无论在整体住宅还是在高端住宅市场的销售价格都分别达到了每平方米 6 211 美元和 7 298 美元的最高纪录。浦东、长宁和静安的高端住宅租金也同样很高。

豪华住宅已经显示出复苏的迹象，尽管是一种更为温和的方式。但是，由于开发商几乎不提供价格折扣来吸引买家，因此豪华住宅销售市场继续呈现一个较低的成交量。在上海新增外籍人士数量的下降以及对外籍人士的成套住宅减少对高端住宅市场产生了负面影响。

此外，政府特别鼓励新市镇开发，特别是"可持续发展"。考虑到中国巨大的人口增长和环境质量问题，可持续发展和绿色建筑日益被强调。上海的 5 个新市镇

---

① "China Builds Its Dreams, and Some Fear a Bubble," *New York Times*, October 18, 2005.

项目是中国可持续发展的典型：[①]

（1）2010 年世界博览会，是上海努力打造的可持续发展城市化的全球核心和工作重点。

（2）罗店新市镇，是一城九镇项目的一部分，这个项目追求的是将增长转移至中心城区以外的小城区。

（3）Signup 新城区，是上海大都市圈建设综合规划的 11 个卫星城镇之一。

（4）长青岛，计划建成生态示范区。

（5）Xuxi 区，是中国 21 世纪议程的可持续发展社区计划之一。

3）零售物业

与上一年相比，城市面积的惊人增长、家庭收入及相应的可支配收入的提高、财富等级的上升、外籍人士的增加，以及对各类消费品需求的增长，推动了上海零售市场的蓬勃发展。设计质量、经营以及商户组合的改进把消费者吸引到甲级购物中心。

优质零售市场继续呈趋势化。由于外国和本地零售商之间的竞争升级刺激的市场需求，以及顶级零售区供给的稀缺，应该会在未来推高优质零售区域的租用率。

上海市政府将外滩和陆家嘴地区的零售计划纳入了第 11 个五年计划。零售业的可持续增长显示了零售物业积极的未来趋势。越来越多的机构投资者认识到了上海零售业的增长潜力，并且加紧努力确定优越的地理位置。

1997 年由于亚洲金融危机，租金下滑，此后上海零售市场的租金开始逐步回升，仅在 2008 年末因为全球经济危机才开始下滑。甚至在最近几个月，上海经济的持续稳定发展仍然推动着零售品销售的相应增长。在 2009 年头两个月，上海零售品销售合计 8.31 亿人民币，比上一年增长了 15.2%。

由于供给增长，零售物业的平均租金预计在短期内将会下滑。但是，地理位置优越的高端零售物业有望维持租金水平，甚至还有可能上升。此外，为了在市场中保持竞争性，一些零售项目开始重新调整商户组合，这增强了上海零售物业的整体质量并且推高了未来的平均租金水平。

4）工业物业

作为中国大陆最大的集装箱港口，上海已发展成为一个强大的工业基地，主要工业包括汽车、化工产品和消费品制造。最近，这些行业相关的以及通信、制药和生物技术领域的研发中心已经在上海建立了。在不久的将来，洋山深水港和浦东国际机场的扩建将有利于工业扩展。

工业区位主要集中在服务于特定利益的专业区，这些专业区定位于同一类企业（如上海微电子工业基地和上海国际汽车城）。致力于航空、陆路和水路运输的现代物流中心变得越来越普及。这些物流中心有多样的物流运营和综合服务功能。由于供给的限制以及较高的土地、公共设施和劳动力成本，使得在上海附近建立高质

---

① Alexander E. Kalamaros, *Shanghai's Sustainable New Towns* (Urban Land Institute, 2005).

量的工业基地越来越困难。

主要的工业区包括西北物流中心、浦东国际机场物流中心、外高桥物流中心和洋山深水港。

开发商在进行投机性开发时应该更加谨慎，因此定制建造项目成为更具吸引力的选择。总占地面积（GFA）为 216 912 平方米的 5 个新建项目预计在 2009 年完工。

3.5.3 广 州

作为珠江三角洲中心的广州，是一个有着范围广泛的制造业部门的出口导向型工业基地。广州主要的工业包括汽车、IT、通讯、制药、石化和消费类电子产品。与中国南方整体情况相比，广州的高附加值产业代表了更高的人均 GDP 水平。广州劳动力成本正在上涨，但是市场仍可以提供必要的技术工人以满足跨国公司的需要。由于珠江三角洲制造业的持续发展，以及在提升基础设施和服务水平的背景下，广州在该区域的重要性增强，广州地区的房地产需求也将健康快速增长。

计划中的香港—澳门—珠海（港珠澳）大桥将在 2016 年完工，这将明显地改善区域基础设施系统。这也将进一步增强广州作为中国南方主要制造业基地的整体吸引力，并且进一步吸引对该地区的投资。2009 年，广州的工业产出上升了11.7%，外国直接投资增长了 10.3%。

受到该区域强大的制造业集群的推动以及考虑到广州在珠江三角洲的战略位置，大型跨国公司持续在广州建立和扩建新的工业设施，其中包括丰田汽车、联邦快递、日立电梯、日产汽车等等。从长期看，工业用地和设施的需求都保持强劲势头。广州在 2008 年 GDP 增长率达到 12.3%。

1）写字楼

作为中国南方的主要商业中心，广州突出的增长率推动了本国和外国公司写字楼办公空间的增长。

虽然有大量的开发活动，但整体空置率仍面临着上升的压力。然而，跨国公司被压抑的需求部分地抵消了因低租金和政府的经济刺激计划而推动的国内公司进驻高质量甲级写字楼的需求升级。从长期看，随着全球经济逐步摆脱衰退，写字楼市场预计将恢复其强劲的增长。

2）住宅

住宅市场得益于以下几方面：中国加入 WTO、贸易增长、总体就业增长以及国内和国外经理人迁入该区域。2008 年 10 月出台的宏观经济政策刺激了潜在购买者的信心，在 2009 年期间住房交易量大幅增长。但是，由于全球经济下滑、异常高价的住宅项目以及新供给的减少，2009 年上半年高端住宅市场交易量出现了下滑。

大多数新开发住宅主要是 100 平方米以内的两居室或三居室住宅，占总量的69%。最高的住宅价格出现在越秀区和天河区。

由于外籍人士住房补贴的预算削减，因此一些高端住宅通过降低租金以留住现有承租人并且吸引潜在的新承租人。鉴于销售价格的下降，一些豪华住宅的业主更愿意出租房屋而不是出售，这导致空置率上升为 30.6%，酒店式公寓和别墅的空置率为 17.6%。

3）零售物业

近几年广州的零售市场继续稳固增长。对外国投资者投资限制的减少也刺激了经济增长。食品和饮料、银行、电力、服装业的繁荣推动了对零售物业的需求。收入增长和购买力上升支撑了增长。外资超级市场和大型仓储超市继续积极扩张。

经济前景的不确定性将继续在短期内影响零售物业市场，零售商可能对扩张持谨慎态度。将于今年晚些时候完工的新建项目可能会导致空置率上升、租金下降的压力，特别是欠佳的零售区。

4）工业物业

广州被誉为"世界工厂"，是一个有着范围广泛的制造业部门的出口导向型工业基地。广州主要的工业包括汽车、IT、通信、制药、石化和消费类电子产品。

珠江三角洲区域的继续开发和广州在这一区域日益增加的重要性使得对工业设施，特别是仓库和物流需求的增加。受到该区域强大的制造业集群以及广州在珠江三角洲地区战略位置的推动，重要的跨国公司已经开始在广州建立工业设施，其中包括联邦快递、日立、丰田等等。计划中的香港—澳门—珠海（港珠澳）大桥（计划在 2016 年完工）将进一步促进该区域的基础设施系统。近几年外国公司钟爱广州。由于工业用地供给的短缺，租赁和销售都非常活跃。新建工业园区，特别是具有综合设施和未来发展潜力的仓储和物流中心受到了机构投资者的追捧。

3.5.4 深 圳

中国的土地租赁系统始自于深圳，继而发展到其他沿海城市。深圳位于广东省中部，南方与香港新界接壤，拥有 880 万人口。深圳有 6 个辖区，分别是：福田、罗湖、南山，龙岗、盐田和宝安，总占地面积为 1 953 平方公里。这个城市拥有大陆通往香港地区最近的通道，是中国（1980 年）最早的经济区，也是中国最重要的开放港口之一，有着优质的通信设施和便利的交通。2008 年，深圳的年人均可支配收入甚至高于北京和上海。

■ 外商投资集团集中关注豪华住宅

■ 深圳是中国人口密度最大的城市，每平方公里 4 506 人。福田区人口密度更大，每平方公里高达 9 000 人

■ 在深圳受过大学或以上教育的人口比例非常高

■ 高密度人口带来了较大的环境压力

■ 深圳坐落在中国南部边界，与香港地区仅一河之隔（接近香港地区也是其吸引商业投资的原因之一）

■ 在过去 20 年，投资于深圳的外来投资超过 300 亿美元，主要用于建厂、组

建合资企业和雇用工人

■ 深圳有大量的高科技公司，包括 IBM、希捷、爱普生、惠普等等

1）写字楼

过去的几年，写字楼市场的需求增长。随着外资银行、保险和物流企业的快速扩张，写字楼的需求强劲。由于大型跨国公司推动市场，甲级写字楼的需求旺盛并一直持续到 2008 年经济增长放缓。投资市场的注意力集中在福田 CBD。

在 2009 年，金融服务、外贸、国际物流和制造业遭受到全球经济危机重创，因此写字楼的需求减弱。但是，自 2010 年初，写字楼需求呈现出复苏迹象。大量企业推迟了重新选址计划，而一些企业为了节约成本，甚至减少了它们的办公室面积，或是搬出甲级写字楼。

2）住宅

由于新建住宅供不应求，住宅市场在这几年开始升温。当地经济的发展、来自全国各地的新居民的迁入、外国购房者特别是香港购房者，以及一些投机活动，这些因素推动了住宅市场的需求。人均收入的增长以及相对较低的抵押贷款利率也使更多居民购买新建住房。

2008 年底至 2009 年初，随着资本价值下降，住宅市场明显降温。但是此后，住宅市场再次升温，引发了房屋交易量和价格的显著上涨。

3）工业物业

深圳和广州类似，也拥有以出口导向型制造业为核心的雄厚的工业基础。此外，政府对高科技和新兴产业的支持刺激了工业区的快速发展。不断增加的跨国公司推动了港口、主要高速公路及机场附近的仓库和物流中心的需求。由于出口水平和跨国公司数量的上升，成套/定制建造项目市场增长。在这几年，宝安、盐田港和蛇口都有强劲的需求。政府政策和综合设施的支持，使深圳大工业区和光明高科技园具有很强的吸引力。

人民币的升值潜力和高投资回报使深圳的工业和物流园区吸引了外国投资。这包括前海湾物流园区、蛇口赤湾区和福田保税区。外国公司对符合国际标准的高水平和高要求的工业和物流园区的需求上升。由于近几年经济增长刺激政策的积极影响逐渐体现在实体经济中，随着宏观经济复苏，工业需求预计也将回升。

3.6 二线市场

虽然大多数房地产活动都已经集中在东部沿海城市，但二线市场也前景广阔。许多主要的二线市场正在快速发展，但是他们没有经历过去几年出现在一线城市的房地产资产和土地资本价值的快速上升（在某种程度上指投机）。

主要的二线市场包括成都、大连、武汉、重庆、天津、杭州、南京、青岛等。

由于篇幅限制，我们重点介绍前 3 个城市。不过，所有这些城市都具备相当大的增长和投资潜力。

　　大多数国内和外国公司宁愿在北京、上海、广州这样的一线市场投资。但是，中国正在快速发展，并且中国与众不同的地方在于它拥有许多规模非常大的城市。从规模上看，中国的二线城市与绝大多数国家的一线城市是一个等级的。在一线城市的房地产已经出现了过度购买，将上限利率压低到不合理的水平。甚至对于开发土地，最佳城市区域也已经非常紧张并且价格非常昂贵。

　　二线城市的房地产市场并没有经历像一线市场那样的白热化，价格也更为合理。良好的城市开发土地可以使用。同时，许多二线城市显示了强劲的增长。在一线城市，国内公司和跨国公司正在经历劳动力短缺和劳动成本上涨，这迫使他们到二线城市为其制造、物流和办公部门扩张或重新选址。最后，政府正在积极鼓励二线城市的发展，特别是那些远离沿海的城市符合"西部大开发"政策。这意味着政府更支持投资和发展，审批更快甚至能加快。某些类别的房地产，如中档住宅和工业物业供给短缺，因此这些城市热烈欢迎国际水平的开发商来开发这些产品。

3.6.1　成　都

　　在过去几年，投资者对成都的兴趣增加。一些投资绕开重庆选择了成都。

　　作为中国人口较多的省份（8100万人口）（以前包括重庆）——四川的省会，成都是拥有2000多年历史的文化中心。成都有自然优势并且是该区域的航空枢纽港。它是中国西南地区的科技、商业、金融、交通和通信中心，并且已经被中央政府提升为吸引外国直接投资的重点地区。成都有着适宜的气候、优质的工业基础和肥沃的农田。成都的地理位置远离中国东部沿海。其工资水平大约是北京和上海的一半左右。[①]

　　成都正在快速地成为中国的硅谷，吸引了全国各地的年轻工人。成都连续18年保持GDP两位数的增长速度，2008年GDP增长率为12.1%，使其成为全国经济增长速度最快的城市之一。2008年个人收入和人均GDP以9.9%的速度增长。自2001年起房地产投资增长率超过了20%。城市人口增长速度很快，主要是因为工作和经济前景好等原因吸引了省内人口迁入。该城市精心策划了几条有射线的环形道路和功能各不相同的土地使用区。有一些香港地区和新加坡的开发项目正在进行中。

　　成都的经济增长看上去非常可观。随着服务行业的扩展，大量高技术、低成本的劳动力供给、优质的设施、有能力的管理以及对各类别房地产需求的增长，这个市场提供了许多的投资和开发选择。不断增加的跨国公司将制造和/或研发中心选址在这个城市。超过100家的世界500强企业已经在成都建厂，包括英特尔、微软、戴尔、通用、爱立信、和记黄埔、丰田、花旗银行和汇丰银行等。该省的法律和法规制度被认为是公平和一贯性的。

　　即将到来的下一个五年计划，也就是中国官方的发展规划，有可能关注成都一

---

① China Trade in Services, Chengdu, "China: A Growing Software and Outsourcing Hub," April 22, 2009.

重庆黄金走廊，作为该区域的增长中心。两个城市之间的驾车时间已经缩短到4小时以内，随着更多的基础设施投入运行，这一距离将会进一步缩小。两个城市可以相辅相成，成为一个不仅服务于中国内地数亿人口，而且服务于中亚地区的特大型都市，并最终达到竞争对手曼谷那样的区域中心。"西部大开发"政策、自然的经济增长势头以及中央政府的计划将推动房地产价值。

3.6.2 大 连

大连是以强大的工业和IT化经济为特点的。由于邻近主要中心城市，有许多大专院校以及适宜的气候，大连已经成功地吸引了高科技公司，特别是软件公司，并且与成都争当中国的硅谷。

大连距离北京800公里（500英里），从首尔乘飞机仅1个小时，从东京乘飞机3个小时。大连的整体激励机制包括利润两年免税，削减80%的增值税，以及免除设备、软件和零配件的进口关税和增值税。

大连是中国最繁忙的旅游城市之一，有着迷人的风景和舒适的环境。大连有大量的会说日语的人（超过300 000人），这是大连被日本占领40年（1905—1945年）的结果。大连市政府也鼓励居民学习日语以获得更多的与日本的软件交易。所有这些因素都使得大连对日本高科技未来发展很重要。

来自日本公司的嵌入式软件的巨大需求给大连提供了一个机会来建立大规模软件制造业。软件出口已经成为大连经济的重要组成部分。北京仍主导着中国的IT产业，但是大连正在快速地缩小差距，特别是随着北京房地产成本不断提高。现在大连作为北亚软件外包中心的形象正在不断完善。大连市政府预测到2012年IT产品的出口将达到15亿美元。

为了稳定经济增长和加强国内需求，2009年大连积极发展了固定资产投资。规划部门打算开始建设102个城市基础设施项目，总投资达到557亿元人民币。建设中的主要项目包括地铁1号线和地铁2号线以及东联路工程。这些项目的刺激效应已经开始在这些基础设施沿线的房地产项目中体现了。

3.6.3 武 汉

武汉是湖北省的省会，历史上就是坐落在中国心脏位置的贸易枢纽。武汉是一个重要的商业、配送和长江航运中心。许多中国的铁路线都途径武汉，这里被称为"中国的芝加哥"。该城市是汽车生产制造业的中心，有数以百计的本地或外国的汽车制造商已在武汉或其周边城市建厂。

武汉是湖北省主要的外国直接投资目的地。在2008年，外国投资总额达到26亿美元，中国香港地区是主要的投资者，在武汉有超过2 000家企业。法国在武汉的投资主要集中在汽车制造业。

武汉已成为中国中部地区的主要配送中心，吸引了来自中国其他省市和海外国家的很多零售企业在武汉开设店铺以利用这一地区的市场潜力。武汉在连接中国东部和西部、南部和北部上扮演了重要角色。武汉城市人口约900万，是中国25大城市之一，有着巨大的发展潜力。

武汉位于长江中游，九省通衢。京广铁路与长江在武汉相交。京九铁路和武广铁路也在这里交汇。北京—珠海和上海—成都的高速公路也经过武汉市。此外，长江沿线的高速铁路也正在修建中。这些高速公路、铁路和内河运输方式将增强武汉作为中国主要交通枢纽的地位。

武汉是中国内地最大的物流和商业中心。货物可以很便捷地运输到武汉周围的5个省，即湖南、江西、安徽、河南和四川，这5个省共有人口3.45亿。在武汉市有10 000多个商业机构和105 000个营业性的分支机构。作为中国重要的工业基地，武汉市在高科技行业和传统制造业都有稳固的基础。沿着城市88公里的环线，建立了一系列的工业基地，如中国光谷、中国雪铁龙汽车城、中国台湾商业区和阳逻开发区。拥有33个不同行业和超过300 000家工业企业，武汉市包括广泛的行业，如钢铁、汽车、机械、石化、光学通信、中西药业、生物工程、纺织、服装和食品工业。

武汉还是科技研究和教育中心，它的研究和教育排名全国前五。该市拥有78所大专院校，约991 000名学生。在武汉还有11个国家级实验室。

3.7 投资策略

这部分主要是验证当前市场上商业房地产的投资机会。策略不是按投资吸引力排序的，而仅是按字母顺序排序的。在这里讨论的是潜在的投资和开发策略。评价因素是旨在为各种投资选择提供一个相对的、主观的讨论。

3.7.1 活跃的老年公寓

由于庞大的老龄人口，老年公寓在中国很有潜力（见图表3.15）。虽然在很大程度上因为负担能力和文化的原因，老年公寓在中国是一个新兴概念，但是这两个因素都在改变——人均收入正在上升并且对照顾老年人和家庭的态度正在改变。中国的家庭是典型的几代同堂的大家庭模式。通常希望由孩子们照顾他们年迈的父母和亲戚。但是，越来越多的人开始选择分开居住，老年人被鼓励更多培养照顾孙辈以外的兴趣。但是，老年公寓的最大推动力是独生子女政策导致的年龄倒金字塔现象。在许多家庭，1个孩子有4位祖父母，使得传统的照顾老年人的模式已经不可能了。因此，在未来20年，对老年公寓的需求将会上升。

3.7.2 购买核心写字楼

虽然甲级写字楼或接近甲级写字楼的供给在下滑，但是在一线和二线市场还是有机会的。投资银行是这一策略的开拓者，如摩根·斯坦利、高盛、麦格理等购买了核心写字楼甚至增值写字楼。除了北京，几乎每个城市的写字楼基础设施都有所

图表 3.15	老年公寓
因素	评论
风险因素	很难估计这个市场何时会快速发展。中国是世界上人口老龄化最快的国家之一，但这个策略需要广泛的文化接受力以及充足的家庭可支配收入
执行和实施	与其他从头开始开发的项目有类似的问题。有利的方面就是选址可以更有弹性——可以是城区、郊区甚至是边缘地区
收益	难以估计。也许也可以出租来获得收益
监管/法律	没有特殊规定
市场规模	中国老龄人口规模将是人类历史上从未遇见的。有机会在此领域建立一个品牌。外国公司可能被认为更具信心
竞争力	目前还没有国内或国际竞争者关注这一领域
进出市场障碍	某种程度上，这个策略在中国市场还是一个新概念。需要时间和大量的营销资金让消费者了解该市场。可以通过销售路线或持有长期收益资产退出市场

改善，写字楼似乎恰逢时机。租金上升、空置率下降、还有越来越多的外国信誉良好的承租人正在建立或扩大在中国的办公室。中国和亚洲其他国家和地区不同，如新加坡、中国香港地区和台湾地区都只有一个写字楼集中区域。中国内地由于规模和大量的市场机遇，正在成为跨国公司多区域的写字楼市场。随着在承租人、租赁区装修、设计，特别是物业管理方面进行必要的改进，许多收购将成为增值型写字楼。在上海和北京，甲级写字楼的收益率大约为 7% ~ 8%，美国为 5% ~ 6%，伦敦为 5.5% 中国香港为 4% ~ 5%，东京为 4% ~ 5%。在中国市场投资有额外风险值得吗？日益增加的投资者似乎是这样认为。这个策略使投资者与写字楼开发计划不符吗？因为投资者获得了对中国市场的实际知识，这些问题是他们必须回答的（见图表 3.16）。

3.7.3 购买核心零售物业

在中国，特别是东部沿海城市的可支配收入正在快速上升。中国正在从储蓄和维持生计的消费文化转变为消费和享受生活的文化。尽管这个转变可能要数年时间（几十年），但蓬勃发展的零售行业已经是一个明确的迹象。低端（家乐福、麦德龙、沃尔玛）和中端零售商正经历着销售旺盛和经济增长。奢侈品零售商还没有完全发挥，因为只有非常富有的人才买得起他们的商品。中国的零售环境的设计和商品化程度很低。这主要是由于绝大多数零售物业都是分层所有权的事实。所有权的复杂化使得维护和升级物业很困难——升级和重新定位几乎不可能。位置好并且有适当承租人的零售客流量在中国将会非常高。与写字楼一样，在这一领域也存在着外国地产投资者的激烈竞争。这已经压低了上限利率并且使投资级产品短缺。（见图表 3.17）

图表 3.16	购买核心写字楼
因素	评论
风险因素	大多数甲级物业都是分层所有权形式，这是一个谈判困难、退出复杂的策略。较之在许多更发达的国家，承租人有更多的权利，包括单方面终止租赁协议的权利。这就导致了现金流不如一些其他国家确定的额外风险。较长的尽职调查和谈判时间可能长达数月才能结束，导致交易告吹。产权和尽职调查不一致
执行和实施	即使是面包和黄油策略，如核心写字楼，都要求大量的调查、谈判、尽职调查，此后还要做很多工作使资产达到国际标准。所有这些都是管理密集型的工作
收益	在大城市，写字楼的收益率稳定在 6% ~ 8%，那些以低收益率购买的人们押注将来租金上升，空置率下降，收益率提高。同样中国的银行越来越愿意贷款给有竞争力的蓝筹股外国公司
监管/法律	对外商贷款和投资房地产的管制已经放松。但是，仍有获得利润和最初投资等方面的问题。其中一些挑战可以通过在投资前建立外商独资企业避免
市场规模	在一线和二线市场有大量的资产。但是，由于分层所有权以及设计和建筑的基本特性等原因，可投资的核心写字楼资产仍然有限
竞争力	在市场上有几个大型国际投资银行以及一些中国香港地区、台湾地区和新加坡的投资者。投资者已经炒到了不可思议的低上限水平
进出市场障碍	可能有一个较长的调查、尽职调查和关闭期。单一所有者的市区优质地段的甲级写字楼几乎没有退出障碍。但是，分层所有权退出很复杂

图表 3.17	购买核心零售物业
因素	评论
风险因素	和核心写字楼的问题相似。此外，很难从买方获得准确的租金登记册。以分层所有权物业为主，但也不排除交易。大多数零售物业需要新的租赁区装修和更好的资产管理
执行和实施	投资级核心零售物业的库存很少。和写字楼一样，也有尽职调查、谈判以及关闭现有零售物业的问题。这些物业中的大部分在清理和重新定位上要做很多的工作。分层所有权将更具挑战性
收益	在大城市，零售物业的收益率稳定在 6% ~ 10% 之间
监管/法律	对于这一策略，没有特殊管制。对外国零售商没有特殊的限制
市场规模	在消费量上，中国是单一最大的零售市场。在总体支出上也将是最大的。在创建和扩展国内和国际品牌方面有很多机会
竞争力	在这一领域，外国投资者的竞争相对有限
进出市场障碍	已经明确的进出市场的障碍很少

3.7.4 设立房地产投资信托基金

当前中国内地没有房地产投资信托（REITs）基金的法律。但是，已经成立了两支 REITs（还有几支正在筹备中），并且 REITs 已经在中国香港证券交易所公开上市。在收益率和增长率上已经超出了所有投资者的预期。重要的是，这些 REITs 还不必由甲级物业组成。一般投资者对 REITs 的需求非常强烈，并且这个市场是全新的，虽然市场细分的水平还不是必要的，但随着市场的成熟，将成为必要。香港地区的投资者想要一线市场上有专业管理的、能产生收入的房地产。大多数投资者对中国房地产的收入和资本增值都足够乐观，愿意溢价购买中国的 REITs。

在中国，REITs 是一项非常有前途的投资。中国市场广阔开放并且拥有全部种类的物业——住宅、写字楼、零售物业、工业物业、物流、酒店式公寓和酒店。

REITs 策略对于海外投资者而言还有其他的优势。第一，无须购买物业，然后再将其在公开市场交易。投资者可以先在公开市场募集资金，然后取得物业。第二，解决了许多外国投资者对中国市场关注的一个问题——利润汇回问题。REITs 结构通过以股票形式出售股本权益，快速收回投资资本和收益。REITs 以确保流动性和灵活性的方式实现这一点。投资者无须出售全部物业，而是可以通过出售或购买 REITs 份额来灵活并快速地决定其优先权益水平。这种策略的风险和中国房地产市场的风险相同——不确定的土地所有权、复杂的税收问题以及快速建设，这种建设速度有可能在几个月内就产生新的、有时是不受欢迎的邻居。

中国内地的 REITs 在香港上市还有一些特殊的风险。双重税收问题会降低收入。如果房地产资产是通过特殊目的的公司（SPV）持有，香港将征收物业税或利得税。还有最少两年的房地产持有期以及最高 35% 的杠杆比率要求。此外，中国的房地产市场还表现出很大的波动性。中国的租赁通常比许多市场的期限都要短，因此收入的安全性是难以保证的。虽然租金上涨，但随着供给增多，租金很容易就会下降。房地产的建筑和维护也变得更加昂贵，进一步压低了营业净利（NOI）（见图表 3.18）。

3.7.5 工业和物流园区及建筑开发

在大多数新兴市场上，工业投资通常不是一个可行的投资领域。但是，中国显然是一个例外。传统的现存工业和物流建筑不适合日益复杂的国际化供应链的要求。中国是一个以工业为基础的经济体，产品快速扩张，特别是在少数几个有深水港的沿海城市。这些城市的工业每年都在爆炸式增长。大部分产品都是以出口为导向的。对于能够处理大量复杂出口活动的现代物流园区和能够适应高效的供应链分销需求——多个集装箱拖车、铁路和制冷的现代仓储中心的需求日益增长。大多数沿海市场的需求远大于供给，迫使几家出口的跨国公司，如沃尔玛自己建立并管理仓储/物流中心（见图表 3.19）。

图表 3.18	设立 REITs
因素	**评论**
风险因素	购买适合机构持有人的能够创造可观收益的房地产仍然不容易。有很多遍布全国的购买者寻求相同类型的物业。创造足够数量和质量的物业可以要求价值增值的投资及开发——使得这一策略的执行期延长
执行和实施	首先需要做相当多的法律工作。如果市场过热,政府可能干预和改变法规,来降低收益率或是完全取消市场
收益	权益的收益率超过 100% 。REITs 份额投资者的收益率超过了 30%。REITs 在香港证券交易所首次公开发行(IPO)已经出现了大量的超额认购
监管/法律	没有适用的 REITs 法律,并且应用双重纳税
市场规模	中国 REITs 的需求很大,中国市场的规模也很大
竞争力	中国内地、香港地区及新加坡的开发商使用该策略。但是,还没有大型的跨国公司成功地推出中国 REITs,但是有几个已经对此产生兴趣或是正在开发过程中
进出市场障碍	计划、设计一个 REITs,越过法律和监管的束缚,获得投资组合,营销,公开上市,所有这些都需要大量的前期费用和时间。通过出售份额退出市场很快捷,有流动性和便利。退出是 REITs 最具吸引力的地方之一

图表 3.19	工业和物流园区开发
因素	**评论**
风险因素	大多数工业地产的土地和现存资产是由政府所有并/或政府运营。工业仍被视为一个由政府紧密控制的"战略"部门。与政府合作可能减慢投资过程并降低收益
执行和实施	有更多的私人地点获得政府批准进行工业开发。但是许多地方必须和政府合作开发。由于现有的资产质量很差,因此工业投资要求几乎全部新建开发
收益	如果物业可以预租——定制建造,那么收益可能相当高。在当前市场上预租是可能的
监管/法律	这个策略可能涉及一些很复杂的公开和私人合伙形式。这个策略中的每一项工作都毫无疑问需要面临更多的法律和监管。许多地点和一些市场都接近于私人投资者
市场规模	工业部门特别是南方沿海城市规模巨大且每年大幅增长,并且随着时间推移,跨国公司日益需求更多的投资级产品
竞争力	普洛斯、安博及其他几个公司正在向市场小规模进军。大多数竞争者是本国的生产非投资级产品的投资者
进出市场障碍	和各级政府合作使这个策略要花费大量时间。特别是在快速建设的中国,工业开发有利的一方面是上市时间相对较快。大多数资产的总开发期(从交易完成到产品发布)很少超过 1 年。整个工业园区需要一个更长的期限,部分原因是它们要分阶段并涉及大量的基础设施

3.7.6　在市区开发中等收入住宅

在中国，大多数开发商开发高密度的豪华单元并定位于有较高收入并在大都市工作居住的白领购买者。最大的需求实际上是中等收入住宅。这类产品的优点在于开发速度更快（更多重复的建筑元素以及在高端设施和装潢上减少成本）并且在各类非黄金地段，甚至是边远的郊区。追求更高收入的外来务工人员推动了城市人口的快速增长。在中国的主要城市，过去 5 年的年均人口增长率达到 10%，每年有超过 200 000 居民迁入北京、上海和南京这些城市（见图表 3.20）。

图表 3.20　　　　　　　　　**在市区开发中等收入住宅**

因素	评论
风险因素	这个策略要求全部新建开发会伴随风险。利率开始上升，这使需求降温。一些二线城市缺乏综合的承包商和供应商
执行和实施	这个策略会涉及一些具有开发能力的中国本地企业。中国合伙人必须具备大规模的房地产建造能力
收益	难以估计，但可以说是中国所有类别和策略中收益最高的，因为可以预售，所以在开发阶段就有机会盈利
监管/法律	没有特殊的法律或监管问题
市场规模	是全国最大的单一房地产市场，并且随着数以亿计的人希望新购或升级住宅，它也有可能是世界上最大的住宅市场
竞争力	有很多竞争者，但是大多数生产劣质产品——设计、建设、营销和持续管理都欠佳
进出市场障碍	主要的进入障碍就是与其他耗时较少的投资机会相比的时间机会成本。多用途开发应成为可能

3.7.7　在市区开发新建豪华住宅

出售豪华住宅已经是中国内地和香港地区开发商的优先选择。随着强劲的需求，那些建造精良的项目在它们完工之前就已售完，此举提高了内部收益率（IRR）并且在多数情况下不必进行融资。虽然大多数中国人难以达到，但其中极小比例的富裕人群仍能转化为对这类项目的过度需求。此外，许多外国人进入该市场（一些是长期的，一些是投机的）。这些购买者主要来自香港地区或海外华人。最近制定了一些关于外国投资住宅的限制，目的是给投机性的购买降温，但是由于基本需求仍然强劲，这并没有显著地抑制市场。事实上，对购买住宅的外国人，中国的银行愿意提供高达 80% 的贷款比例。一些北京和上海的细分市场正在经历着高度的供给过剩，但其中大部分是正在开发中的定价最高端的豪华住宅（见图表

3.21）。

图表 3.21 　　　　　　　　　在市区开发新建豪华住宅

因素	评论
风险因素	最佳的开发地点竞争非常激烈。投资者应该谨慎地避免价格战。明晰所有权是一个先决条件，因为在尽职调查后，投资者会在很短的时间内将所有权转让给个人业主
执行和实施	外国投资者在本地需要一个中国的开发管理团队。最为重要的是，开发合伙人必须愿意学习国际最佳做法并且不偷工减料
收益	开发商从成功的项目上的获利是百分之几百的内部收益率。投资回收期远远短于工程期，因为多数项目在设计和建造阶段就已经售出
监管/法律	土地所有权又是一个需要在交易完成前明确的主要问题。此外，利润汇回应该通过离岸外商独资企业和特殊目的公司完成
市场规模	在未来 20 年，住宅是需求最大的类别。随着收入上升，进一步拉动需求，豪宅将进入主流人群的可负担范围
竞争力	这一部分的竞争力是最强的，因为它是许多国内、国外投资者和开发商的优选策略
进出市场障碍	寻找土地、合伙人以及明晰所有权是进入的主要障碍。退出应该较为迅速，特别是符合真正的国际级开发标准的国际品牌产品

3.7.8　开发城市和郊区的零售购物中心

在中国许多甲级零售业态将会深受欢迎。随着收入上升以及对非商品类零售产品和国际品牌的需求增长，中国零售行业蓬勃发展并日趋稳定。中国仍遗留着那种狭小的密集的零售商店——是传统的邻里式的毗邻街边的零售商店业态。目前零售商店的趋势是两极化：一方面是相当高端的商品，除了非常富有的 1% 人群外，其他人是买不起的。另一方面是低端的市场，都是低质量和完全没有愉快购物体验的、乏善可陈的商品。不断增长的中产阶级开始要求这两极之间的购物体验。考虑到不断增长的汽车保有率以及市区边缘和郊区较为便宜的地价，配置大零售商的郊区购物中心将会受到欢迎。像摩根·斯坦利、沃尔玛以及家乐福都引导了这种形式，它们的扩张已经开始。生活体验中心做得很出色，在那里人们通常将购物当作一种消遣。大型的、封闭区域的购物中心已经被证实是深受欢迎的（见图表 3.22）。

图表 3.22　　　　　　　　　开发城市和郊区的零售购物中心

因素	评论
风险因素	投资者必须与本地开发商合作。有经验和能力实现真正的甲级购物中心的开发商很少。这种模式的开发要求丰富的专业知识。大型零售项目的投资期限很长——到项目稳定可能需要 3~6 年
执行和实施	选择最佳位置和最佳交易适用的结构是常见问题。由于地价上涨以及在面对大型市区和郊区土地征用市民的权利日益增长，在中国获得土地越来越困难。购物中心的设计应该体现中国消费者消费模式的变化和发展
收益	零售开发的收益应该很容易超过 30% 的内部收益率
监管/法律	对外国零售商的限制正在取消
市场规模	市场规模巨大。中国消费者正在购买习惯和可支配收入上加速零售价值链
竞争力	少数的外国竞争者和当地开发企业进行合作。但是合作是极少数的，市场却非常大。这些投资者为这一策略提供了一定程度的佐证
进出市场障碍	获得最佳市区位置需要大量的调查和资金。建立的当地合伙人将对此有所帮助。退出包括出售已完成项目的份额，房地产信托投资基金化（甚至单一资产或很少的资产都可以成为一个成功的 REIT）或者出售分层所有权。最好的选择是长期持有，并赶上中国零售支出的大幅增长。中国家庭的平均财富创造率肯定将继续快速增长

3.7.9　问题资产和房地产不良贷款

　　国有商业银行有大量的抵押房地产的不良贷款（NPL）投资组合。随着商业银行公开上市的趋势，关键要求之一就是削减坏账，并尽可能地追回账面资金。几乎每个城市，都对那些未完成和弃置的大型项目所产生的坏账进行了提醒。政府致力于清理不良贷款（NPL）并完成这些项目。这样就有机会以低于市场的价格购买房地产。其中很多都坐落在市中心。但是，国有银行（贷款人）及其客户——国有企业（通常是借款人）——之间关系复杂，一些交易中所有权不明晰，或是银行对所有权仅有有限权利。因此银行在没有借款人的合作或是政府特别授权的情况下，就难以和准买家明晰地进行交易。这个问题延误了许多交易。

3.7.10　麦则恩融资

　　最近政府控制信贷，限制预售，以及降低银行不良贷款投资组合的措施，导致许多投资者资金短缺。这就给离岸麦则恩（Mezzanine）融资创造了机会。离岸麦则恩融资可以以合资企业形式进行，这种形式向贷款人提供一些安全保障并且保证符合中国贷款的法规。麦则恩融资使得大规模投资变得容易，便利了更大交易规模的投资。投资者可以将麦则恩债务的所有权替换为更有吸引力的交易（见图表3.23）。

图表3.23　　　　　　　　　　　　　麦则恩融资

因素	评论
风险因素	主要国际合伙人是中国开发商。尽职调查很困难，耗时长，费用高，不准确
执行和实施	有必要在学习和与市场上的主要投资者建立关系上花时间。有必要给投资建立担保和抵押品，但这将导致复杂且漫长的监管
收益	参与提升的交易结构，特别是在销售住宅、零售地产方面，某些写字楼的收益率相当高，内部收益率超过了50%。投资期限要短于整体开发期限。在提升中麦则恩债务首先应该标准化，提升（高于优先权益）就是最先获得收益，并最先回到初始投资
监管/法律	对外国贷款和投资于房地产的限制条件放松了。但是，在获利和初始资本化上仍存在问题。这些问题可以通过在投资前建立外商独资企业来避免
市场规模	市场规模巨大。中国有超过25 000个开发商，有数以千计的项目需要麦则恩融资。许多开发商都面临着资金短缺或财务困境。没有麦则恩融资许多企业无法开工。麦则恩策略使我们可以在关键时刻进入优质工程，即项目完成的最后阶段，这就降低了开发/建设风险
竞争力	目前，还没有国内或国际竞争者关注。市场上存在一个很大的缺口。麦格理银行和摩根·斯坦利显然正在考虑进入这项业务
进出市场障碍	了解主要的投资者很重要。这项业务建立在信任的基础上。当地银行和投资公司或许将我们视为竞争威胁，并开始制定法律限制我们的业务

3.7.11　多用途开发

中国对集住宅、购物、娱乐和办公于一体的甲级多用途开发项目的需求大得惊人。这是一种需求非常强劲的新型产品。中国在公共场所急需世界级的设计和建设。中国有几个潜在的开发商，投资者可以与之合作开发这类项目。通过分期、预售、出售股份以及出售分层所有权可以降低这个项目的风险。这类项目特别适合交通枢纽，可以利用人行道、通道和可视物。一些投资者在这类产品上或许具有核心竞争力和竞争优势。事实上，很少有国际化的投资者可以成功地从事这些大型复杂的项目。地区和当地政府也鼓励这类项目，因为它知名度高并且能够展示前沿设计，它们通常被看作是城市边缘地区经济发展的催化剂（见图表3.24）。

图表3.24　　　　　　　　　　　　　　多用途开发

因素	评论
风险因素	多用途项目非常复杂，庞大，而且耗时长
执行和实施	大型多用途开发需要具有技能、管理能力
收益	由于涉及多种类别和产品类型，以及工程持续时间——通常为3~6年，因此难以估计收益。但是，投资者可以通过分期、出售份额来解除风险并且获得收益
监管/法律	这个策略可能涉及各类公共和私人合伙人——总是很复杂。在这个策略中投资者的任何行为都毫无疑问会面临更多的法律监管
市场规模	巨大。零售和住宅作为这类项目的主要部分，其需求在现阶段是无限的
竞争力	许多国内和少数海外的中国公司很活跃。现在志在必得的项目尚在设计阶段
进出市场壁垒	审批程序漫长且复杂。必须考虑相较于用时较少的其他投资的时间机会成本

第 4 章　印　度

4.1　导　言

印度的房地产市场与世界其他各国市场有着显著的区别，其投资策略和决策必须随之相应调整。印度的市场极其庞大，多样化、复杂、零散，正在经历着快速增长。同时它仍是一个相当落后的市场，存在透明度低、贪污腐败以及官僚的法律和管理等问题。

印度市场提供了大量的潜在机会。经济在不断增长，国内对各类房地产的需求都很强劲，虽然只集中在少数几个城市。本章探讨了投资机会并概述了寻求这些机会的潜在方法。

这个领域对各种投资和开发策略开放。写字楼、零售（购物中心/商场）、酒店（酒店/酒店式公寓）、IT/商业园区以及工业/物流/仓储部门只有相对很少的外国投资者，只有有限的外国投资者涉足住宅。

推动房地产增长的基本增长因素非常强劲。GDP 增长、出口（经常账户）、外国直接投资（FDI）、城市增长、人口增长、收入增长（特别是中产阶级）、日益增长的可支配收入，所有这些都预示着更大的房地产需求并推动了市场细分。此外，由于许多监管壁垒建立了很长时间，已经极大地限制了外国竞争，使得这个市场在很大程度上被人为限制。最近这些限制已经减少或取消或是在缩减的过程中。在多个部门存在着被抑制、未获满足的需求，这些需求单靠国内市场也无法满足。

随着 FDI 监管的改变、印度经济实力不断增强，以及基础设施的持续完善，印度在房地产行业中可以进入到更强劲、更深化、更多样化增长的阶段。事实上，房地产部门正在以每年 30% 左右的增长率增长。

目前，最具投资机会的类别应该是住宅、酒店以及写字楼/研发中心。在这三类中，外国投资者在专业技术、开发水平和资本实力上享有优势。

4.2　市场环境概览

印度是一个巨大、多样化和复杂的国家。尽管印地语是全国的官方语言，但是英语被广泛使用并成为通用语。政治制度是议会民主制，由 29 个邦和 6 个领组成。2009 年，GDP 到达 12 960 亿美元，使其成为世界第 11 大经济体。相对于 2000 年 35.8 亿美元的 FDI，2009 年 FDI 达到了 270.9 亿美元。每年能创造市值超过 170 亿美元的地产股。印度似乎已经显示出它能够长期保持高速增长。《经济学家》将潜在的机会总结为——"回想 10 年前的中国,印度的繁荣似乎不是一个不能实现的梦"。①

印度在许多方面都值得注意,包括它庞大的人口。2009 年印度人口 11.6 亿,并且由于 1.3% 的增长率,印度人口将会在 2030 年超过中国。超过 2/3 的人口生活在农村,其中 60% 生活在人口低于 5 000 的村庄里。到 2010 年,印度的城市人口预计将增加到总人口的 1/3。

根据 2001 年的人口普查,有 35 个城市的居民超过 100 万,至少有 15 个或以上的城市人口在 80 万~99 万之间。印度快速的城市化遵循的是在许多新兴市场国家都常见的模式。1991 年,人口超过 100 万的城市有 23 个,而 1981 年只有 12 个,1971 年只有 7 个。估计到 2025 年,会上升到 70 个,到那时这些城市的人口将占全国城市人口的一半。

大部分城市人口的增加是由于农村向城市持续地涌入了大量的移民。这些人口众多的城市被视为充满机遇的地方。农村地区成为贫困最集中的地区。农业部门仍占用了过多的劳动人口;在 2005—2006 年,全国 56% 的劳动力在农业部门,但对 GDP 的贡献仅为 18%。多数农业仅是勉强维持生计,大多数农业劳动力的生活远低于贫困线。结果 2007—2008 年印度人均 GDP 仅为 33 299 卢比(rupees),2008 年的世界银行排名为 113。

大多数增长和房地产投资都集中在 6 个主要的城市圈:

(1) 孟买,人口 1 640 万。

(2) 加尔各答,人口 1 320 万。

(3) 新德里,人口 1 280 万。

(4) 金奈(马德拉斯),人口 640 万。

(5) 班加罗尔,人口 570 万。

(6) 海德拉巴,人口 550 万。

印度国家在各方面的发展业绩掩盖了印度各邦之间在经济增长、经济政策、人口和人类发展等方面的巨大差异(见图表 4.1)。自 1991 年以来,古吉拉特邦和马哈拉施特拉邦成为增长最快的邦,经济增长率达到 6%~8%,比得上东亚经济体。高速增长的私有工业部门集中在马哈拉施特拉邦的孟买和古吉拉特邦的部分地区;新德里周围,包括哈里亚纳邦和北方邦西部;以及从卡纳塔克邦的班加罗尔到泰米尔纳德邦的金奈之间的走廊。

新德里是政治首都和关键的旅游门户城市。班加罗尔是信息技术/科技化服务/商业外包(IT/ITES/BPO)中心,吸收了 40% 的新写字楼。孟买是金融首都以及传媒娱乐业、"宝莱坞"和公司总部中心。金奈、普纳和海德拉巴也是重要的 IT 业目的地。

① *The Economist*, February 21, 2005. "Let it Shine," *The Economist*, February 19, 2004.

图表 4.1 印度各邦总产值和收入

	GDP （10 亿美元）	占总 GDP 的 比重	人均收入 （印度卢比）	人均收入 （美元）
马哈拉施特拉邦	147. 27	14.83%	47 051	1 172
北方邦	85. 81	8.64%	16 060	400
安得拉邦	81. 37	8.19%	35 600	887
古吉拉特邦	76. 45	7.70%	32 065	799
泰米尔纳德邦	76. 00	7.65%	45 773	1 140
西孟加拉邦	76. 72	7.73%	40 757	1 016
卡纳塔克邦	59. 39	5.98%	36 266	904
拉贾斯坦邦	43. 96	4.43%	23 986	598
喀拉拉邦	41. 30	4.16%	43 104	1 074
哈里亚纳邦	38. 43	3.87%	59 008	1 470
新德里	35. 86	3.61%	78 690	1 961
中央邦	35. 51	3.58%	18 051	450
旁遮普邦	35. 96	3.62%	46 686	1 163
比哈尔邦	28. 56	2.88%	11 074	276
奥里萨邦	29. 67	2.99%	26 654	664
恰蒂斯加尔	19. 79	1.99%	29 776	742
阿萨姆邦	17. 85	1.80%	21 991	548
恰尔肯德邦	17. 26	1.74%	19 928	497
北阿坎德邦	8. 87	0.89%	32 884	819
喜马偕尔邦	8. 03	0.81%	40 107	999
查谟和克什米尔	7. 92	0.80%	24 214	603
果阿	4. 29	0.43%	105 582	2 631
昌迪加尔	3. 563	0.36%	110 728	2 759
特里普拉邦	2. 70	0.27%	28 806	718
本地治里	2. 57	0.26%	78 302	1 951
梅加拉亚邦	2. 11	0.21%	29 811	743
那加兰邦	1. 56	0.16%	21 822	544
曼尼普尔邦	1. 46	0.15%	19 780	493
阿鲁纳恰尔邦	0. 97	0.10%	28 945	721
米佐拉姆	0. 82	0.08%	27 501	685
锡金	0. 57	0.06%	33 349	831
安达曼和尼科巴岛	0. 54	0.05%	44 304	1 104

1 美元=40.1346 卢比

资料来源：VMW Analytics，2009.

印度的人口极具多元化，在语言、宗教、种姓和等级上都有差别。在印度教徒（总人口的 83%）和其他宗教团体之间有明显的政治划分，其他宗教团体包括穆斯林（11%）、锡克教徒和基督教。

4.2.1 经济

农业主导着经济，占劳动力的 56% 和 GDP 的近 20%。印度的人类发展指标中有一些是全世界最低的，特别是在农村地区。而在另一方面，印度又拥有大量的高质量专业人士，以及几个已建立的国际化工业集团。随着电信和 IT 业特别快速的增长，服务部门在近几年被认为是印度最具活力的部门。服务业，包括航空、银行、建筑和小型私营贸易以及公共部门，在 2007—2008 年占到了 GDP 的 52.8%。尽管该部门已经出现了一些国有企业的私有化，特别是在银行部门，但占主导地位的国有企业的低效率依然是经济快速增长的拖累。

4.2.2 经济政策

自印度脱离英国独立后，计划经济的采用（本质上是一种准社会主义形式）对私营部门造成了严重的限制，并且导致了大型低效、不适应竞争的国有企业（SOEs）增长。开放印度经济遭到了来自特权阶级的反对，包括政客、工会、官僚和一些实业家。

在某种程度上，印度仍遭受着过度监管和经济控制，这一传统仅在过去 10 年左右有所放松。印度在缩减财政赤字方面取得巨大进步。财政赤字从 1991—1992 年的 6.6% 降至 2006—2007 年的 0.1%。印度储备银行的目标是保持物价稳定并确保经济中有充足的信贷资金。最近几年，通货膨胀自 20 世纪 90 年代前半期的两位数水平下降至 4.5% 左右。随着经济开放和意义深远的金融改革，物价稳定的政策已经更为重要。

4.2.3 经济表现

20 世纪 80 年代印度经济大幅扩张，在 80 年代末达到 5.5% 的 GDP 年增长率。在 20 世纪 90 年代初经济放缓，接下来的是货币贬值、进口放开以及产业许可豁免（一种国有企业私有化的形式），到 20 世纪 90 年代中期，经济增长率快速上升到 5%，并在 1995—1996 年达到了 7.8% 的高峰。

实际 GDP 增长率在 1997—2002 年的 5 年间达到 5.2%。增长的放缓主要是由于工业和农业产值的大幅下降，而服务业则持续快速增长并成为经济增长的主要引擎。但此后 GDP 又保持了强劲的增长。2007—2008 年，GDP 增长率达到 9%。2008—2009 年的全球金融危机使印度的 GDP 增长率下降，但它是少数几个在该阶段仍保持正增长的主要经济体之一（见图表 4.2）。

20 世纪 90 年代初期，通货膨胀成为一个问题，平均接近 10%。1997—2003 年，由于生产率提高、货币升值并且中央银行改进货币管理，通货膨胀率平均为 6% 左右。近几年，通货膨胀率进一步下降到 4.5%。过去几年出口激增。2007—2008 财政年度，商品出口同比上升 28.9%，2003—2004 财政年度上升 171.1%。

图表 4.2   主要经济指标

	2004—2005	2005—2006	2006—2007	2007—2008	2008—2009[1] 预测	2009—2010[2] 预测
增长率（年百分比变化）[1]						
实际 GDP（以要素成本计算）	7.5	9.4	9.6	9.0	6.3	5.3
非农业部门	9.5	10.3	11.0	10.0	7.1	5.9
工业生产	8.4	8.2	11.5	8.5	—	—
储蓄和投资（占 GDP 的比重）						
总储蓄[3]	31.8	34.3	34.8	36.0	34.6	34.9
总投资[3]	32.2	35.5	35.9	37.5	37.6	36.4
对外贸易[4]						
商品出口（10 亿美元）	85.2	105.2	128.9	166.2	186.4	169.0
年百分比变化	28.5	23.4	22.6	28.9	12.2	-9.4
商品进口（10 亿美元）	118.9	157.1	190.7	257.8	298.0	265.5
年百分比变化	48.6	32.1	21.4	35.2	15.6	-10.9

资料来源：IMF 2009 Article IV Consultation with India. Data provided by the Indian authorities; CEIC Data Company Ltd; Bloomberg L. P. ; World Development Indicators; and Fund staff estimates and projections.

[1] 数据范围是上年 4 月至下年 3 月财政年度。

[2] 现有工作人员预测。

[3] 与官方数据有差异，根据总投资和经常账户计算。总投资包括错误与遗漏。

[4] 年度数据以国际收支平衡表为基础。

　　过去 10 年见证了人类发展指标，特别是文化和平均寿命快速提升。整体上看，相较于北部和东部各邦，南部和西部各邦的出生率和死亡率较低。随着贸易自由化以及工业有更大空间更自由地迁移，工业开发已经越来越集中于南部和西海岸。北方各邦远远落在后面。软件出口的快速发展主要集中在南部和西部城市金奈、班加罗尔、孟买和海德拉巴。

　　在经济表现和作为潜在投资机会及经济开发的典范方面，印度经常被拿来和中国进行比较。如图表 4.3 所示，在许多重要领域，印度依旧落后于中国。中国的制造业备受青睐并且已经发展了有限的业务流程外包（BPO）产业。

4.2.4　资本流动和外债

　　印度经济状况的改善已经提升了国际信心，这体现为证券投资的激增和国际信用评级修订为投资级。有价证券净流入从 2006 年的 119 亿美元上升到 2007 年的 127 亿美元。外国直接投资从 2007 年的 251 亿美元增加到 2008 年创纪录的 412 亿美元。快速增长的服务部门成为 FDI 流入的最大接收部门。工人的汇款从 2006 年的 240 亿美元增长到 2007 年的 260 亿美元。

印度的外债总额从 2003 年 12 月底的 1 121 亿美元上升至 2008 年年底的 2 373 亿美元。但是，同期债务占 GDP 的比例从 20.2% 下降到 19.3%。商业金融日益取代外国援助。印度仍是世界银行最大的借款国，但近一半资金是按商业条款贷放的。目前印度的债务存量和对外付款义务是可管理的。为了使印度企业拓展到国际市场，对外商业借款的管制已经变为允许海外直接投资于合资企业。

图表 4.3   **主要经济指标**

序号	说明	中国	印度
1	人口（10 亿）（2008）	1.33	1.19
2	城市人口（%）（2005）	43	29
3	人均 GDP（PPP，美元）（2008）	5 963	2 762
4	出口（10 亿美元）（2008）	1 429	166
5	通货膨胀率（%）（2008）	5.9	8.3
6	储蓄（占 GDP 的%）（2000—2003）	43	22
7	劳动法	较具弹性	缺乏弹性
8	企业所得税（%）（2008）	25	42.2
9	双重征税	否	是
10	增值税（VAT）	是	否
11	互联网用户（百万）（2007）	210	80

资料来源：IMF, Ministry of Statistics and Programme Implementation, India and National Bureau of Statistics of China.

印度的外债从未违约，并且现在的外部风险评估是相当正面的。卢比相对于世界主要货币，包括美元，一直很稳定，如图表 4.4 所示。随着印度经济表现的势头继续强劲，预计卢比也将继续对美元逐步升值。因此，这将造成以美元进行的资本投资的升值（见图表 4.4）。

按照政府的实际有效汇率计算，货币币值大致保持不变，实际有效汇率考虑了一国货币与一篮子货币名义汇率的贸易权重变化以及相对通货膨胀。汇率政策侧重于维护印度的外部竞争力。

4.2.5 全球外包趋势和印度人力资本优势

印度已经是日益增长的全球外包趋势的主要接收国之一。2006—2007 财政年度印度科技化服务（ITES）的收入为 400 亿美元。预计到 2010 年，这个产业将产生 770 亿美元收入，年增长 25%。

呼叫中心产业已经从单纯的低附加值的呼叫处理和转录服务转变为具有呼出服

图表 4.4　　　　　　　　　印度卢比兑美元年均汇率

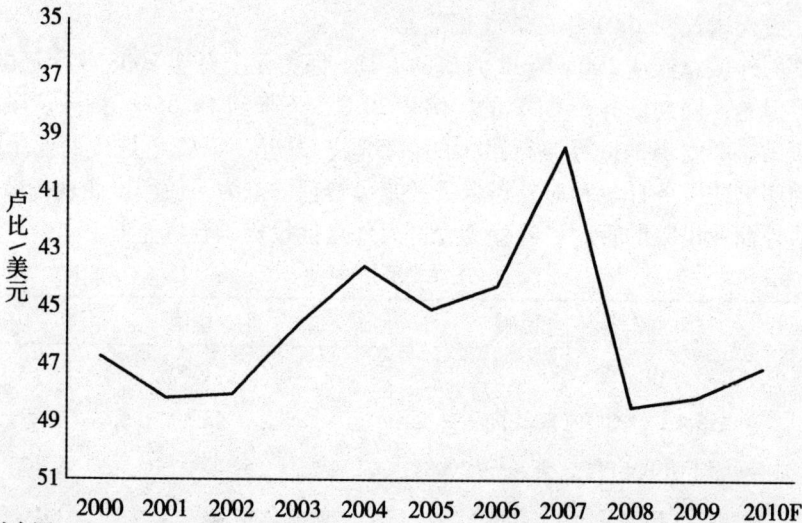

资料来源：Economist Intelligence Unit.

务、e-CRM（客户关系管理）、营销、信用卡、索赔处理以及技术帮助平台功能的高附加值产业。印度正将其价值链提升到各类更为重要和核心的外包服务。

印度在增加其 IT/ITES/BPO 的全球市场份额中处于有利地位，并成为这些服务的中心。印度的低劳动力成本、大量熟练使用英语的工人、有利的政策环境以及政府的支持，使其具备了发展所必需的所有优势。一些主要城市和公司投资者包括：

■ 孟买：E Serve, Efunds, Datametrics Technologies, Amex Information Technologies, IDLX, Spectramind, ICICI

■ 新德里：GE-CIS, Convergys, Spectramind, EXL-Conseco, British Airways

■ 班加罗尔：IQ Infotech, iSeva Service, 24/7 Service, Firstring, Msource, HSBC

■ 海德拉巴：GE Capital, HSBC, Customer Asset

■ 金奈：Citibank, Brigade Solutions, World Bank, EDS, Standard and Chartered, ABN Amro

■ 普纳：Mphasis-BPL, Infinity Data Technologies, WNS

印度有可能将继续吸引更多的 IT 外包业务以及一些新的产业，如生物医学、医疗保健和各种产业的研发中心。印度是一个人力资本雄厚的国家，每年有 700 万应届毕业生，包括 35 万工程和 IT 领域的专业人士。人才库兼顾质量和数量。印度拥有 11 594 所学院和 247 所大学。这些高等院校分布全国各地，确保了人力资本的区域分布。

4.2.6 基础设施

印度落后的基础设施条件被普遍认为阻碍了经济增长。尽管政府已经优先发展基础设施,但是真正取得进步的只有被称为"新经济"的电信部门以及最近的道路建设。

印度基础设施的落后状态已经对 GDP 产生了负面影响,并成为维持印度国内经济增长以及吸引和增加 FDI 的现实问题之一。印度基础设施匮乏,包括不合格的道路、高速公路、电力、供水、排污、铁路、地铁系统和机场。由于缺乏规划和大量的联邦和各邦预算赤字,印度的基础设施被长期忽视达数十年。

印度拥有世界上最广泛的长达 63 000 公里的铁路网。国家铁路公司雇用着 150 万员工。虽然在监管改革和不健全的交叉补贴政策方面取得了一定的进展,但铁路的长期投资仍显不足并且定价偏低。增加收入的替代方式已经找到,包括公共和私人合伙人,但私有化的选择遭到了行业工会的反对。近年来公路网已经得到了重新重视。全国有 300 万公里的公路,但其中大部分保养不善。国道只有 57 700 公里。国家公路发展项目寻求在印度四大城市中心——新德里、孟买、金奈和加尔各答以及南北和东西走廊之间,扩建超过 13 000 公里的 4 车道和 6 车道公路。

印度有 13 个主要港口,7 个在东海岸,6 个在西海岸,这些港口由印度港口信托进行管理。印度的港口深受效率低下的困扰。2008—2009 年,平均周转时间大约是 3.85 天,停泊前等待泊位的时间大约是 9.59 小时。落后的港口管理和效率低下的海关清关转变为高成本。政府已经试图通过增加私人部门的参与来提高效率并引进投资资本。

4.2.7 经济小结

印度仍然面临着有些疲软的财政状况和庞大的农业部门的挑战,这两方面都需要进行重大改革。2009—2010 财政年度预计的 GDP 增长率已下调至 5.9%,这主要反映了缺雨的季风抑制了农业增长。强劲的技术和制造业出口推动了 GDP 的增长,但进口增长甚至更快,估计 2009 年经常账户将出现 42 亿美元的赤字。不在印度居住的印度人(NRI)的资本流入虽然由于美元疲软稍有减少,仍保持了强劲的国际储备(2008 年为 2 540 亿美元)。预计 GDP 仍保持较高增长。2008 年和 2009 年,经济增长的步伐明显放缓,但仍是正增长。根据 EIU 预测,印度 GDP 所有组成部分在 2010 年都将大幅扩张。例如,商品和服务的进出口在 2009 年都下降了约 10%,但预计 2010 年将分别增长约 12% 和 26%。2009 年私人消费仅增长了 2%,但预计 2010 年将增长 18%。

天气也影响 GDP。一个缺雨的季风可能对 GDP 产生重大的实质性影响。从本质上讲,农业部门在印度的结构性改革措施中被忽视,使其无法经历现代化制造业和服务业所经历的生产力的提高。

4.3 房地产市场

4.3.1 市场增长率

各种类别的市场都在快速增长，特别是住宅和零售物业。过去几年见证了在一些细分市场住宅类别中收入和利润的增长。虽然在过去一年有所放缓，但住宅、写字楼、零售物业和酒店被压抑的需求会使强劲的增长率恢复。

4.3.2 行业潜力

直到过去几年，房地产行业一直落后。各种类别的需求都受到明显的抑制，无论是国内的还是国际的。该行业生产力低下的事实是潜在增长的重要组成部分。房地产和建筑似乎是经济中增长最快的部门，并且近期没有放缓的迹象。相对于人口和经济规模，房地产占 GDP 的比重非常小。

4.3.3 产品线的广度

市场是新兴的，并且几乎没有产品细分。随着市场的成熟和企业需求的增长，中产阶级的扩大和随之而来的购买力，以及日益受到国际标准的影响，将会增加各类别产品的细分。只要关注一下过去 5 年各类别汽车的日益多样化，就可以想象房地产行业类似的产品扩展。

4.3.4 竞争者的数量

相对市场规模而言，国内和国外的竞争者相对较少。这是一个新兴的市场，竞争者也相对缺乏经验。但是，国际和国内竞争者的数量都在快速增长。

4.3.5 市场份额的稳定性

地区和全国性市场正有待各方争夺，不存在主要的国内或国际投资者控制市场区域或业务范围。只有少数的房地产投资者尝试在全国市场竞争。由于竞争者信心日益增强，并且他们有能力增加和获取市场份额，因此有迹象表明更为激烈的竞争即将到来。

4.3.6 购买模式

国内的消费者开始对国际水平的住宅、写字楼和零售卖场产生需求。许多印度人在国外旅行和居住，这表现为有大量的不在印度居住的印度人（NRIs）。尽管下一阶段的国内需求似乎更体现出高质量多元化的需求，而不是强调最低的价格，但印度人被过度地描绘成具有"价格敏感"的特征。几乎所有的印度人都希望拥有自己的住房。由于日益增长的人口（和家庭）以及城市用地的缺乏和高成本，唯一可行的国际级住宅就将是堆叠式公寓和高密度模式，非常类似新加坡和中国香港地区的住宅模式。

4.3.7 进入的难易程度

市场提供了多种的进入工具。主要的挑战应该是投资的构建。现在，政府认为房地产 FDI 对国内经济发展非常有益。为此，法律将继续变动以有利于吸引更多的外国房地产投资。有关投资法律的变动趋势是降低资本投资和项目规模的门槛。这样就可以适用于更大范围的交易。目前证券化（流动性）的房地产市场不对外国投资者开放。最主要的渠道还是通过直接开发和与国内公司合作。

4.3.8 退出的难易程度

虽然没有二级市场或证券化的市场，甲级国际水平产品的买方仍远远多于这类资产的卖方。在这个阶段，退出市场并不是一件难事。但是，在成熟市场中的那些退出选择，如出售份额（REITs）、首次公开募股（IPO）以及有限合伙等，还是相当有限的。

房地产市场在全国的各主要地区仍在继续蓬勃发展。孟买、新德里、班加罗尔、金奈和海德拉巴继续从 IT 和高科技（国内和跨国）公司获益，这些公司或是已经在这些地方建立了基地，或是正在寻求扩张。由于 IT/ITES/BPO 行业的需求推动，郊区得到了最大的开发：由于土地的可获得性、大面积写字楼的建设和定制设施的提供更为便利，孟买、新德里、班加罗尔和金奈的郊区商务区都在进行活跃的开发活动。

在房地产（开发和建设）对 GDP 的贡献程度方面，印度远远落后于其他发展中国家。住宅类别极低的劳动生产率反映出较低的资本投资和因缺少国际竞争而被边缘化。与其自身的经济规模、强劲的经济增长、国内与国际需求的状况相适应，印度的房地产行业应具有非常巨大的增长潜力。事实上，中国的 FDI 流入中有超过一半投向了房地产市场，而印度还不足 0.1%。

尽管印度有 35 个城市人口超过 100 万，但大部分房地产投资都集中于 5 个城市：

（1）新德里——作为印度的首都备受关注，包括周边快速发展的城镇古尔冈和诺伊拉

（2）孟买——印度的商业和金融首都，对印度 GDP 的贡献超过 4%

（3）班加罗尔——亚洲新兴的软件中心

（4）金奈（马德拉斯）——东海岸的重要港口和商业重镇，被称为南方的孟买

（5）海德拉巴——在具有前瞻性的政府的推动下，快速升级为新一代高科技城市，目前是许多全球领先的软件品牌和 BPO 服务的东道主

本章将探讨这 5 个城市及其主要物业类别。特别强调的是新德里、孟买和班加罗尔，因为它们是主要的大都市区和房地产 FDI 的主要目的地。

房地产历来被政府视为一个应该在国际竞争中被保护并且从 FDI 中获利很少的部门。但随着 2005 年 2 月房地产 FDI 立法的通过，这些观点发生了重大变化。

4.4　物业类别

本节将在国家层面评论主要的物业类别——写字楼、住宅、零售物业、工业物业和酒店，对它们的特点和趋势进行讨论。大部分信息和数据来源于新德里、孟买、班加罗尔、金奈和海德拉巴的一线和二线市场。

对于写字楼、住宅以及目前计划的新型零售购物中心，设计、质量、楼面板、材料、甚至物业维修都已经接近甲级国际水平。特别是写字楼，甲级写字楼的水平是很高的，这是因为大型跨国公司（MNCs）极大地推动了需求和对空间的要求，使得写字楼成为发展最成熟的类别。住宅的开发在很大程度上借鉴了新加坡和中国香港地区等地的新型高密度开发项目。事实上，新的住宅开发项目中就有几个是由新加坡和中国香港地区开发的。

4.4.1　写字楼

2008—2009 年间，在新德里、孟买、金奈和班加罗尔有 50% 的商业空间被 IT 公司吸收。IT 行业的发展导致印度每个大都市圈的郊区都出现了郊区商务区（SBDs）。中央商务区（CBDs）被郊区商务区所取代，郊区商务区以更低的成本提供高质量的建筑。

物业通常以"毛坯"形式移交给承租人，也就是说，没有租赁区装修（TIs）、地毯、家具，有时甚至没有空调系统和照明。最近，越来越多的承租人不仅要求精装修——包括租赁区装修的以上各项，而且要求是搬进就能住的房间。

甲级写字楼的租金变动趋势是所有主要市场的每平方英尺的租金都在从 20 世纪 90 年代末的高位逐步下降。20 世纪 90 年代的高位在很大程度上是人为的结果，因为印度房地产市场的特点是在全国范围内几乎完全缺乏现代化的写字楼产品和突然的不断增长的需求。随着全球经济的复苏和更多投资资本流入这一类别，从中期看，预计这一类别的收益率将会下降。

由于 IT 公司将目标定在更便宜的郊区商务区（SBD），新德里、孟买、金奈和班加罗尔的中央商务区（CBD）的计划供给就很少了。这一举措略微地提高了租价，同时使 SDB 的空置率下降。在当前和预计的空间需求上，班加罗尔显而易见是领先的。但是，孟买的需求增长率也是值得注意的。

同时，SBD 的租金价格保持稳定，并且有可能会受到大量供应的压力。地铁周边的商业房地产的实际毛收益率为 9%～11%。

图表 4.5 总结了全国写字楼类别主要的投资归属和商业机会。重要的是，对处于周边地区的高质量低成本写字楼的需求预计将会增长。二级城市，如普纳、昌迪加尔和科钦有可能会出现过度增长。

图表 4.5   **写字楼市场概览**

市场因素	市场特征	推动力	未来趋势	商业机会
新开发项目的需求	主要的大型定制开发项目都在郊区	主要是 ITES 和 BPO 引领增长	需求可能向更便宜的地区转移。金奈、普纳和昌迪加尔从中获益	主要城市周边郊区办公区域的甲级、具有先进技术水平的写字楼需求增加。利用国际开发和运营经验
新开发项目的供给	大面积、无地下室、郊区	资本支持和对新空间的需求	可升级的开发理念将继续，投机性开发将被限制	寻求更多供给受限的地点，如一线的 SBDs，以及填充 CBD
投资市场支持	交易不足，无法获得有效的收益数据	大部分资本增长来自于传统的固定收益投资	相对于资产性投资，逐步转向实体性投资	引入美国固定收益投资到印度，以获得更高的核心收益率。对写字楼的需求要高于大多数美国和外国市场
债券市场	近年来的债务的可获得性有限	丰富的流动性。高风险贷款较少	利率可能回升 25 ~ 50 个基点，对资产收益率产生压力	利用成本更低的美国和国际债务

　　正如图表 4.5 所示，甲级写字楼需求强劲，供给无疑将被高回报所吸引。在一线市场上存在着对国际级写字楼需求正在扩大的机遇。孟买和新德里的中央核心区是高层建筑甲级写字楼供给受限的市场。这些情况和供给短缺可能转变为机遇，因为考虑到更多的城市住宅的开发和高附加值服务外包的增加，CBD 逐渐变得更具吸引力。但是，印度 CBD 的开发仍然充满了挑战。

4.4.2　住宅

　　在住宅方面，主要地区的郊区商务区中，无论豪华公寓还是中端公寓的价格都已经迅猛上涨，豪华公寓是因为稀缺，而中端公寓的价格则是由较低的住房抵押贷款利率推动的。在某些情况下，细分市场已经出现了升值泡沫，如 2008 年古尔冈（新德里的郊区）的资本价值升值了 20% ~ 30%。伴随着经济的强劲增长，房地产市场应该继续升温。这可能使中央商务区的空置率下降，并且增加在郊区的开发。

　　印度的住房严重短缺。根据住房特别行动计划，每年需要建设 200 万套住房——70 万套在市区，130 万套在郊区。[①] 印度政府估计大约有 5 000 万城市居民居住在官方指定的贫民窟中，这个数字大大低于报道的数字。郊区的住房条件也十分简陋。

　　商业部门的经济增长刺激了印度城市的房地产市场。从根本上讲，IT/ITES/BPO 所创造的就业创造了对靠近城市就业中心地区的高密度住房的需求。这是一

---

① Government of India, Special Action Plan on Housing (2008).

个新兴的并持续增长的市场。传统上，印度人更喜欢居住在低层或邻近市中心的自己独立的小平房里。这现在变得越来越困难。

此外，现在可以更容易地获得比原来利率低得多的住房贷款。以附带内部配套设施的城镇一体化为特点的住宅开发极大地刺激了需求。向拥有更大面积的中高端公寓的需求转移意味着绝大多数的现存房屋对于人们现在的需求标准早就过时了。随着大量项目的推出，对豪华公寓的需求空前旺盛，在项目推出前就预订一空。

这种需求不仅是由印度高涨的经济推动的，还因为大量的需求被压抑。国内现存住房都很陈旧，不适合现代居住的需要。此外，由于20世纪90年代中期经济停滞不前以及房租控制法限制了房地产开发和物业管理的收益，使得几乎没有新住房增加（见图表4.6）。

图表4.6　　　　　　　　　　　　　住宅市场概览

市场因素	市场特征	推动力	未来趋势	商业机会
新建住宅的需求	主要在一线和二线城市。自有住房呈增长趋势	已经可以得到住房融资。抵押贷款已经被普遍接受	需求主要集中于1 000～2 000平方英尺的公寓，位于郊区	在SBD和CBD开发的国际标准的住宅将面临特别强烈的需求。供给和开发能力不足。对甲级公寓的需求可能会得到解决
新建住宅的供给	位于郊区和重新开发的CBD	自有住房增长，并接受住房贷款	将会紧邻位于城市郊区位置的工作场所。考虑到寻找和获得土地的困难程度，过度供给应该不会很快出现	供给不足。是进一步产品细分的机会。市场上都是仿制项目
投资/开发市场	项目周期短，购买物业的业主雄厚的资本支持是现存投资者的先发优势	可以获得低廉的建设融资	应该增强住宅开发的国内和国际竞争。最佳的交易和开发合伙人的竞争提高。鉴于不讲道德的开发商，寻求加强监管	对住房开发公司/住房项目进行实体级股权投资。低成本债务的机会。灵活的抵押贷款融资尚未普及。抵押贷款行业是分散的。通过技术和管理的集中化获得品牌打造的机会以及规模和范围的实现
债券市场	业主：15年期抵押贷款的利率为8%	缺乏建筑融资	由于优惠贷款利率冻结以及明年的通货膨胀压力，住房贷款的利率可能回升	更灵活的债务结构，更高首付比例的可能性是竞争优势

　　值得关注的是房地产价值的快速上升可能导致价格过高以致无人问津。在美国，一套独栋住宅的价值等于大约 6 年的平均年收入。而在古尔冈，需要 15 年的平均年收入。具有讽刺意味的是，房价的上涨和可负担能力的下降支持了住房抵押贷款市场的兴起和扩张，这又反过来成为使住宅资本价值和需求进一步提高的因素。长期抵押贷款使得消费者可以负担得起更加昂贵的房屋。贷款只需要付一小部分首付款，从而使得买房变得更加容易。现在没有必要支付全部现金来购买一套房子。这在房屋购买中是一个重要的变化，也是一个一直在改变市场的变化。

　　在主要中心城区，对用于开发高端公寓的土地需求巨大。它们主要是有三间卧室的公寓，目标定位于有钱人或高级主管。随着土地价格飙升，这类公寓的价值和租金也会随之上涨。在租赁方面，业主期望独栋别墅或公寓的租金更高。

　　相对较短的开发周期和强烈的国内需求成为住宅市场充满吸引力的关键因素。在这里，一个明确的投资策略就是投资于大量的当地住宅开发商。需求非常强劲，以致许多项目都是"自筹资金"。也就是说，买方支付的定金和购房款可以完全并且在许多情况下很快（几个月内）就可以负担项目费用，从而出现"负营运资本"——这在世界大多数市场上是闻所未闻的。事实上，在项目公告后的几个月内，就可以获取利润了，这将导致一部分不法开发商不讲道德的行为，但是也会给一个团队提供一个提高国内和国际声誉的机会。

　　住宅市场有一块几乎完全被忽略的部分就是甲级租赁市场，由于很小，所以国内还没有有组织的、企业化的公寓管理。对于国际或国内企业而言，这是一个在这一领域创造效率和规模经济的机会。

　　2005—2008 年住宅市场的关键驱动因素就是在 2005 年抵押利率从 14% 下降到 11%。这是自 20 世纪 90 年代末开始的国内长期抵押贷款利率下降以及消费信贷和抵押贷款规模扩张这一长期趋势的一部分（见图表 4.7）。由于过度的流动性，住房金融机构采用了积极的贷款政策和贷款发放。现在这一趋势出现逆转，贷款利率提高到 13% 以上，这除了使房屋价值膨胀外，还对房屋价格产生了严重的下行压力。

　　但是，相对而言，抵押贷款市场规模仍然较小，只占 GDP 的 2%，而马来西亚达到 23%，新加坡达到 36%，美国达到 52%。房地产部门的增长一部分要归因于税收减免（房屋贷款利息税削减），这一点随着收入增加而日益重要。住宅市场具有由各邦政府机构和私人开发商销售公寓和开发地块的特点。在所有城市，开发商并不出租公寓，所有的租赁交易都是通过单个的公寓业主来完成的。

　　住宅市场上出现热烈的建筑活动主要是因为公寓的溢价。孟买、新德里、班加罗尔和金奈的开发商正在见证着这一旺销。聚集在新德里、班加罗尔、孟买和金奈这些城市的服务部门——IT、银行、金融、零售业等推动了新住宅公寓的开发。

　　在新德里和孟买郊区以及班加罗尔的优质住宅区的租赁活动也略有增长。因为外籍人士喜欢在新德里、班加罗尔、孟买和金奈租赁独栋别墅和半独立洋房，所以在新德里和孟买郊区、金奈以及班加罗尔的黄金地段，这类物业的租金已经上涨，这使得购房者开始考虑郊区位置。

图表 4. 7　　　　　　　　　　**优惠贷款利率（%）**

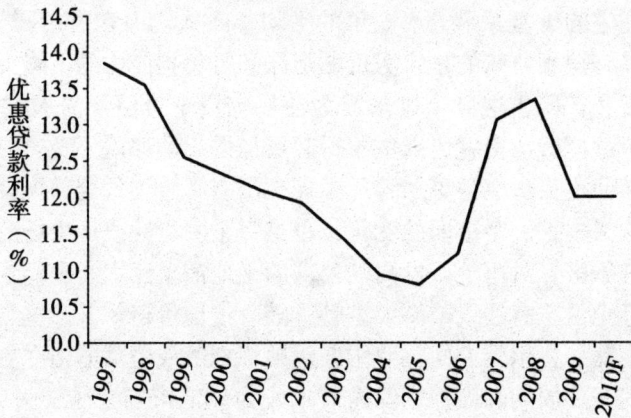

资料来源：Economist Intelligence Unit.

4. 4. 3　零售物业

零售物业类别在过去几年得到了蓬勃发展。2008 年，印度私人消费开支排名世界第 13 位，大约是 6 750 亿美元。除了极小比例的零售是以公司的形式组织——大多数购物区域都是由小型社区零售店（店主）组成的。零售物业增长迅速，预计有组织的零售物业会以更快的速度增长，占总额中更大的份额。快速增长的部分大都在大都市区。印度是亚洲经济体中最后实现零售业自由化的国家之一。跨国公司的进入开始使零售物业转变。零售供应链以及消费者对品牌商品的兴趣已经从无到有。

由于 FDI 不允许进入零售行业，全球的零售商已经开始间接地通过获得授权/特许经营的方式进入市场。印度所有的主要城市最近已经完全布满商场（最近的 2～3 年内），同时还有几家商场在建。通过从前台人员（管理人员和专业技术人员）到后台员工（文书、执行和簿记）日益增长的需求，零售部门给商业部门带来了繁荣。零售部门在劳动力市场也受到欢迎，更多的商业学校开始把注意力集中于此。预计该部门在未来几年将每年创造 50 000 个职位。

印度的大型零售商包括 Shopper's Stop，Foodworld，Vivek's，Nilgirls，Pantaloon，Subhiksha，Ebony，Lifestyle，Globus，Barista，Qwicky's，Café Coffee Day，Wills Lifestyle，Raymond，Bata 以及 Westside。国际零售商包括麦当劳（McDonald's）、多米诺（Dominos）、戈蒂埃（Gautier）、斯宾塞（Spencer's）、李维斯（Levis）、Lee、耐克（Nike）、阿迪达斯（Adidas）、TGIF、贝纳通（Benetton）、施华洛世奇（Swarovski's）、索尼（Sony）、夏普（Sharp）、柯达（Kodak）和 the Shoppe。大多数外国公司不得不依靠大型购物中心作为其零售商店的地点，并为此支付额外的费用。有一种猜测，政府是否会在未来开放零售部门，允许大型零售商直接投资。如果发生这种情况，整个零售格局很快就会改变。沃尔玛已经制订了进入市场的计划。

印度的消费者可以分为三个主要类型：（1）高收入的城市消费者；（2）中等收入的城市消费者；（3）低收入的城市和农村消费者。高收入消费者愿意为选择品质和精品进行支付，并希望在大型零售百货店感受完整的购物体验。中等收入阶层购物者偏好于高质量和有竞争力的价格。低收入的城市和农村消费者对价格非常敏感，不太关注质量和选择，并经常流连于当地的商店。随着观念和可支配收入的提高，这三类消费者的区别会逐渐变得不明显。更大的零售商将在市区越来越具有优势，价格、品质筛选、展示、规模经济、高效的运营以及区域和全球供应链是竞争优势的关键所在（见图表4.8）。

图表4.8　　　　　　　　　零售物业市场概览

市场因素	市场特征	推动力	未来趋势	商业机会
新建零售物业的需求	遍布印度大都市区的零售商场快速增长。其中大多数是垂直的，"密集的商场"	更高的可支配收入和食品饮料增长以及零售市场	在初始阶段，需求可能伴随供给过剩而稳定	细分市场、提高购物体验和购物中心设计质量的机会。大型、国际级商场和生活体验中心缺乏
新建商场的供给	大部分在郊区城镇或新建居民区	投机性开发呈上升趋势。严重依赖对客流的吸引。消费者的平均支出仍低于国际标准	购物中心的空间可能合并。供给可能放缓，以解决市场过剩	在大多数城市地区没有显示出供给受限
投资/开发商市场	在施工阶段主要是投机性的投资。机构很少投资于新建项目	商场的供给刺激了利益。分层所有权销售上升	投资将继续流向这一类别，因为新市场，特别是二级和三级城市不断开放	由于潜在供给过剩和行业整合，应避免投资于商场开发公司以及资产投资
债务市场	对于收购：主要受到缺乏大型固定承租人、影院以及知名品牌的制约	相较于商业写字楼，债务不容易获得，同时还受到缺乏固定承租人和商场开发公司的制约	适用于短期承租人（5年）的零售商场租金折扣可以克服向零售物业贷款的风险认知	如果当前的商场业绩恶化，那就是购买零售业不良债权的潜在机会

外国投资者有充足的机会创造一个更高质量的购物环境和丰富多样的细分市场，如区域购物中心（大规模并且更广泛）、生活体验购物中心和超级购物中心。和住宅类别一样，这是聚集经营性公司和物业的机会，把它们打造成更有组织的、公司化的经营实体。

随着中产阶级的增加，这个国家的购买力大增，中产阶级的范围取决于所用的经济收人定义，在1亿~2亿人之间。市场环境已日臻完善。在孟买、新德里、班加罗尔和金奈的市场蓬勃发展，正经历着决定性的改变。在这些城市的各个地方，包括郊区，大量的规模在5万~40万平方英尺的购物中心正在开发。

许多著名的零售商认为，中产阶级可支配收入和购买力的增加导致了购买活动的增加。他们还表示，科技的进步，如企业资源规划软件，使其简化流程，从而降低运营成本并增加利润。此外，国际零售商的进入（尽管缓慢并且主要是作为合资合伙人或特许经营人）对现有的商家构成竞争，同时也增加了消费者的选择和消费意识。

但是，零售类别并非没有挑战。现有的许多商场（尽管设计、选址和商品化不当）无法吸引消费者。购物者在商场花费大量的时间，而不是很多钱，因此利润开始下降。第一代商场的初步成功在很大程度上是由于西方的购物体验的新颖性。一位购物者打趣说："很多人来这里只是因为这里有空调。如果它看起来很拥挤，那只是因为有很多人在漫无目的地漫游——而不是很多人在购物。"

在消费者层面，通过媒体（在中产阶层中电视和互联网无处不在）和与西方潮流的接触，消费者的态度和愿望随着对产品认识水平的提高而正在发生变化。与此同时，消费者也更容易获得消费信贷。现在信用卡被普遍接受，许多年轻的专业人士钱包中至少有一张信用卡。这种变化随着自己当老板的人（而非工薪阶层）越来越多而加速，这些人对新产品的需求和适应非常迅速，例如手机。消费者正变得更加复杂，他们要求更高的价值和多样化。消费者还更多地到外面寻求娱乐。他们综合考虑购物的便利性和品质，这就要求多样化的产品类别以及休闲和娱乐设施。

零售物业中正在引入更大的模式，许多商场正在建设当中，它们提供服务和设施——影院、食品和饮料以及服装，以提高购物体验。到目前为止，在向潜在的零售商租赁/销售方面，开发商已经相当成功，因此建设活动还在继续。许多商场都集中在城市的特定区域，并且商店和设施看上去都差不多，这是面临的问题之一。商场的开发商不得不在新的地点，按照不同的概念和目标客户对它们加以区分。

4.4.4 工业物业

在印度，除了新的特别经济区（SEZs）——由国家颁布的自由贸易区以外，工业物业市场是由各邦政府控制和指导的，这极大地挫伤这一类别的活力。交易主要是根据各机构发起的批地计划，由各邦和中央政府直接的土地采购构成。这些政府的"工业园区"大多位于被各邦政府归类为"落后地区"的主要城市的郊区或农村地区，作为提升这些地区投资政策的一部分。

汽车和消费品的制造和装配中心集群位于金奈、孟买和新德里。主要硬件的高科技装配及测试业务以及外围设备制造公司聚集在班加罗尔和新德里。最近，更多的IT和软件公司也迁入工业区，以获得显著的土地低成本优势。大多数邦政府允许在指定工业园区运营这些服务，以此作为促进本邦软件增长的总体政策的一部分。

这些工业园区是这些后台处理和呼叫中心的理想选择。大部分公司采用改造的工业楼宇或设计并建造新建筑。政府也在不断提升 SEZs，希望它能推动离岸制造和贸易活动（见图表 4.9）。

图表4.9   **工业物业市场概览**

市场因素	市场特征	推动力	未来趋势	商业机会
新开发项目的需求	印度仍然是一个以农业和服务业为基础的经济体，对工业物业的需求较低	新的生产设施和配送设施，特别是高价值的农产品	与铁路、航空、公路毗邻显得日益重要。冷藏仓库和立式生产设施即将出现	孟买 SEZ 是大型、多用途、靠近拥挤的孟买的 SEZ。SEZ 减免收入和物业税，并能快速获得开发审批。考虑到这一类别的无组织状态，可以以较低价格获得现有资产
新开发项目的供给	缺乏现代化、大型楼板设施	跨国公司，其至是在服务业的跨国公司将越来越需要现代工业物业，哪怕只是为了物流和仓储	更多的 SEZ 的创立与交通基础设施结合	没有主要开发商参与工业物业开发。这是发起人满足未来需求的机会
投资市场支持	缺乏充足的甲级物业以获得有效的收益数据	大量的国际资本来源，如汉斯，已经被吸引到这些城市	随着印度经济不断发展，这将是一个重要的投资类别	如果有更多的可供投资的资产和公司，这里会有显著的财务利益
债务市场	常见的做法是相对保守的承销条款	充足的流动性。风险较低的贷款	利率可能会到年底回升大约 25～50 个基点，对资产收益率产生压力	利用低成本的美国和国际债务

4.4.5 酒店

酒店可能是除了住宅以外各类别物业中基础最好的。印度最大城市的到访增长、房价增长、平均客房收入增长的排名均领先于其他亚洲国家的大都市。但是，国际级的供给却是低得惊人——酒店在 FDI 中排名最低。1991—2004 年间，酒店项目大约只占全部 FDI 资金流入的 0.92%。酒店式公寓市场需求强劲，但供给很少。

在过去 10 年中，酒店市场已经显示出旅游到达人数稳步增长。客房数量与国际旅游入境人数之比是亚洲最低的之一。

由于全球经济衰退和孟买恐怖袭击的影响，印度旅游业在过去 18 个月表现不佳。外国旅游入境人数自 2007 年开始年均已经达到 500 万人次，但在 2008 年和 2009 年有所下降。过去一年，优质级酒店的平均入住率下降了 10% ~ 15%。

印度私营航空业在全球范围内日益增加的服务连同不断改进的机场，进一步加强了酒店行业的长期繁荣趋势。它提升了酒店房间的需求。现在全国只有 95 000 间客房（在中国仅北京一地就达到这一数字），对于印度的规模和增长前景，这个数字意味着酒店行业的规模非常小。根据预测的需求增长，大概还需要再增加 75 000 到 80 000 间客房才能在未来 5 年满足全国的需求（见图表 4.10）。

图表 4.10　　　　　　　　　酒店市场概览

市场因素	市场特征	推动力	未来趋势	商业机会
酒店客房的需求	高需求，休闲和商务旅行增加	国内旅游增多。商务和旅行到达人数增加	需求在今后 2 ~ 3 年将会增加	在一线和二线城市开发甲级酒店，并且商务酒店也拥有强劲和日益增长的需求
酒店客房的供给	2008 年出现高入住率（68%）（比上一年增长 2.8%）。5D/5/4 星级酒店房间供给在 2012 年估计可以达到 55 000 间	前往主要城市，如孟买、新德里和班加罗尔的游客增长	由于在印度主要项目竣工，供给有望增加	由于监管、制度、法律和土地整理等问题，印度市场一直是供给限制的市场。多数酒店建在城市密集处，这是印度新开发区域中最困难的类型。此外，第一流的酒店通常占地至少 5 英亩。印度一线城市的地价在全世界是最贵的
投资/发展市场	受到政府管制而撤资	受限制的市场	在短期交易活动可能增加。但预计开发活动缓慢	开发新项目，购买和增值现有资产和行业链，以及经营酒店都是可行的投资策略
债务支持	限制开发酒店项目。以资产负债表为基础的项目融资	没有投资收购杠杆。可以发行开发项目的债务	需要更多的债务来完成项目开发和资本重组	低成本的债务可以为开发项目和连锁酒店收购融资

4.5　一线市场

这一章将关注印度最大的 5 个城市市场：孟买、班加罗尔、新德里（一线市场），金奈和海德拉巴（二级市场）。

4.5.1 孟买

孟买是印度最大的都市，也是世界第六大城市。孟买是印度主要的商业目的地和经济首都。孟买是印度最大的港口，拥有全国最大的对外贸易运载量，它也是国内和国际的商业枢纽。同时孟买还是全国的总部之都，占全国商业交易的70%。

孟买的人口主要（大约2/3）集中在孟买岛，这使其成为世界上人口最稠密的地区之一，达到了每平方公里600 000人。孟买拥有着全国最好的城市交通系统，与印度其他主要城市都保持连通。城市的交通由城郊铁路服务构成，使孟买南区和北部的郊区连接。

1）写字楼

在过去几年，孟买是印度所有城市中吸收程度最强的城市。在马拉德和博维（孟买的两个区），开发商为了满足IT和计算机公司的需求，正在建设大量的商业物业。相比之下孟买国际展览中心的建设活动水平相对较低，它将提供大约1/3的预期总供给。

根据需求，IT、ITES以及科技部门是近几年孟买办公用地需求的主要推动力，特别是在马拉德和博维的第二商业区。这是因为在这些地区租金/资本价值较低、公共基础设施良好，并且有校园式的环境。

2）零售物业

目前的趋势是物业所有者更愿意将城市购物空间选在传统的主要街道位置。筹建租赁产生了在马拉德的"Inorbit"商场的3笔固定交易。这个城市的商场总面积已经超过了100万平方英尺。

零售领域的吸收程度持续强劲，尽管现在零售物业价值增长的趋势已经停止，但租金仍然保持稳定。在孟买的各个区都有新的商场在建，大多数在郊区。无论是传统的零售商业区（Linking Road、Colaba等）还是郊区，孟买的租金与资本价值仍然保持稳定。零售物业的收益率在10%~12%之间。

3）住宅

大多数对孟买南区黄金地段的出租住宅的需求都是来自于跨国公司的高级管理人员。中部和西部郊区居住区的需求也大幅上升，这在某种程度上是因为很多公司从孟买南区重新选址迁移到北部郊区。大多数的高质量居民区在城郊，如古尔冈—甘地维亚—博维亚地区和默伦达—塔那—邦达普地区。此外，还有更多的土地可以用于重新开发。

孟买中心区正在进行新住宅的开发。这个城市住宅类别的供求持续增长。主要集中在中型公寓的供给能够满足中产阶级对住宅的高需求。像Evershine Builders和Ajmera集团这样的开发商处于这个城市中型公寓开发的最前沿。

比较著名的中高级和豪华住宅开发项目都是在孟买南区由如Tata Housing和Shapoorji Palloonji这样的开发商建设的。在过去的几年，郊区住宅的需求开始增加，价值也保持稳定。现有的孟买南区优质住宅区的住宅收益率在6%~8%之间。

如果包括资本升值，近几年，孟买郊区甲级住宅项目的收益率已经超过 100%。

过去几年孟买郊区发展迅猛，特别是中心带的 Lower Parel/Parel 和北部郊区的博维亚、甘地维亚（东部）、马拉德和古尔冈的子市场。大公司不断加速的郊区化趋势以及由此而来的对周边区域的需求推动了市场的需求。公寓的质量也在提高，一些优质项目在世界各地的高密度开发项目中也可以名列前茅。

4.5.2　班加罗尔

班加罗尔是卡纳塔克邦的首府和印度的第五大城市。这座城市海拔 5 000 英尺，一年四季气候适宜，以拥有众多花园和绿树成荫的街道闻名。班加罗尔是软件出口行业无可争议的领头羊。印度 IT 产业的繁荣使得班加罗尔被称之为印度的"硅谷"。这座城市也一直努力推进其高科技产业的进步。班加罗尔最近完成了环线和周边道路以及 IT 城旁的 Hosue Road 的建设。

对于班加罗尔而言，主要的挑战与其自身在经济增长与创造就业方面的成功有关。这里呈现出繁荣的城市氛围。班加罗尔是印度在高质量、高薪水的就业岗位方面领先的城市之一。据非正式的报道，每天有超过 1 000 个新居民迁入班加罗尔！这也使得这座城市的基础设施超负荷运转。城市交通阻塞严重，行车速度慢如蜗牛。在城市中心没有地铁，这进一步恶化了几乎全天都在堵塞的交通。2008 年，新机场——班加罗尔国际机场落成，在某种程度上有助于缓解交通压力。

1）写字楼

班加罗尔的商业地产市场包括中心区域 CBD——Brigade Road 和 Richmond Road，SBD 的商业地产供给继续由日益增长的 IT 产业决定。新的供给集中在郊区的 IT 产业中心，如 Whitefield，Airport Road，WKoramangala，Hosue Road 和 Banerghatta Road。外环路也因为成为新的商业开发目标而受到欢迎，外环路能成为新的商业目标主要是由于大地块便于定制建筑项目、易于进入，并且邻近 IT 产业区。

Yelahanka 和 Devanahalli 之间的班加罗尔北部地区也吸引了众多关注，这是因为最近开放的在 Devanahalli 的国际机场。

班加罗尔写字楼市场的价值和吸收率非常稳定。开发商对未来保持乐观情绪。尽管有充裕的供给，CBD 甲级写字楼挂牌的租金价值仍保持稳定。

就优质写字楼市场而言，CBD 新的开发机会正在达到其饱和点，现在焦点已转移到东部和南部的二线区域。投资收益率已有下降趋势，在 10% ~ 12% 之间。日益增长的供给推动了南部地区，开发商能够在令人惊叹的 8 个月内完成从设计到最终入住的全部建设。此外，大量的资金越来越愿意接受较低的回报以获得班加罗尔郊区写字楼市场的份额。

IT 和计算机、研发产品开发中心以及呼叫中心是主要的需求驱动力。这些公司更青睐于拥有较高的层高、方便的宽带连接，以及 35 000 ~ 50 000 平方英尺的更大面积楼层的甲级写字楼。预计 IT 产业在印度将会稳步增长，班加罗尔应该继续处于领先位置，IT 区域附近的国际级写字楼的需求很可能会继续。

由于 CBD 的小型出租写字楼的需求相对稳定，预计租赁价值在接下来的两个季度将保持稳定。由于开发商在 CBD 翻新旧建筑物，创造了更高质量的供给，因此资本价值在明年也将保持稳定。由于对大型写字楼的需求日益增长，郊区写字楼的租金面临上升的压力。

外环路区域因为成为了新的商业开发目标也受到欢迎，这主要是由于大地块便于定制建筑项目、易于进入，并且邻近 IT 产业区。IT 和计算机、研发产品开发中心以及呼叫中心是主要的需求驱动力。

CBD 的商业物业的收益率在 10% ~12% 之间波动。由于供应和需求相匹配，郊区的资本和租赁价值依然保持稳定。由于 CBD 的小型出租写字楼的需求相对稳定，以及开发商在 CBD 翻新旧建筑物，创造了更高质量的供给，因此租赁价值预计将保持稳定。由于对大型写字楼的需求日益增长，郊区写字楼的租金面临上升的压力。

2）零售物业

班加罗尔的零售物业被限制在主要街道区域，但其他区域也越来越引起人们的兴趣。原因就是二级地区的商业及住宅开发的增加。知名品牌的零售商正在利用这些地区较低的租金和日益增长的聚集区。由于零售商的偏好明显向商场转变，因此开发商对前景持乐观态度。目前主要的开发商将商场视为可行的商业开发选择。大量新商场已经开发，还有更多的正在开发中。由于邻近办公区域，对这些商场，特别是位于外环路、IT 走廊和 Whitefield 的商场的需求预计将增长。

传统的零售区——Brigade Road（CBD），Commercial Street（商业街），Jaya Nagar block IV（住宅区）和 Malleswaram（住宅区）已经见证了主要来自于餐饮（必胜客、Pizza Corner 等）、百货公司和品牌超级市场的需求。在 CBD 也有一些新公司对小型出租写字楼有需求。

3）住宅

住宅市场将继续见证来自中端的购买者的兴趣。针对这种需求，在 Koramangala、Bnnerghatta Road 及周边地区已经启动了新项目。这些地区是最大的软件和计算机公司集中区域。该地区拥有商业和零售区域的多用途开发项目。

在班加罗尔郊区的 Sarjapur Road，HSR layout，Whitefield，WKanakapura Road 和 Banerghatta Road 住宅区有大量的优质住宅项目正在建设中。这些项目包括配备便利设施，如会所、游泳池、健身房、室内运动场等的优质公寓。住房贷款利率的下降已经刺激了需求，特别是在 Banerghatta Road，Whitefield 和 Sarjapur Road 等区域。大多数购房者是年轻的 IT 专业人士，他们喜欢这些地区是由于这里邻近他们的工作地点，并且与 CBD 的住宅相比价格相对便宜。而一线住宅区（班加罗尔中心）的住宅租赁需求则保持稳定。

4.5.3 新德里

新德里不仅是印度的政治首都，它还是国家管理、国际商业、教育、旅游和文化的中心。新德里是文化和文明的混合地。

全市大致可以分成三大部分：（1）已建立的新德里商业、住宅和政府区，以及 Shahjehandabad 老城区（CBD）；（2）新商业区（NCDs）；（3）诺伊达和古尔冈郊区。

已建立的新德里商业、住房和政府区是传统的市中心，大部分五星级酒店都坐落在此。

环绕在新德里周边的新商业区正在开发中，主要在西南的古尔冈郊区和靠近东南的诺伊达。

在康诺特广场开发之前，Shahjehandabad 老城区一直是这里最古老的商业中心和城市中心。该地区是商品（特别是香料、草药、电器、鞋等）批发的聚集地。传统的城市窄巷和多用途开发仍然能得到最高的租赁价值，但没有新的开发潜力。

1）写字楼

新德里的写字楼市场主要包括新德里中心城区的 CBD 和新德里、古尔冈及诺伊达的郊区商务区 SBD。古尔冈和诺伊达的 SBD 在高品质的商业空间供给上处于领先地位。康诺特广场的 CBD 已经几乎没有新的供给——这在很大程度上是由于土地无法利用的制约，这与古尔冈的充足供给形成了鲜明的对比。

古尔冈的开发商顺应 IT 公司的偏好，设计大面积的（超过 15 000 平方英尺）建筑物来响应 IT 企业的偏好。另一方面，在诺伊达有新供给，并且在工业区建有相对较小的建筑。由于缺乏供给导致租金相当高，同时新德里的交通堵塞、停车困难以及现有建筑物保养不善使得 CBD 难以令人满意。最近一直在建的地铁以及由此产生的交通问题，这些都说明了这一点。

根据目前的估计和时间表推算，2009 年在国家首都区（NCR）将完成超过 100 万平方英尺的办公区。其中大部分是在古尔冈及诺伊达的郊区。

甲级写字楼的空置率上升和需求停滞，导致在 SBD 的甲级写字楼的空置率约 15%。NCR 地区的收益率则一直上升，平均在 10% ~ 12% 之间。

NCR 的房地产市场在郊区非常活跃，这主要是由几个大型开发商承揽的大型开发项目支撑的。这里已经吸收了大量的办公空间，估计这种上升势头只能在 NCR 地区看到。预计会有 25% 的大幅增长，这主要是因为 NCR 已经建立的高科技企业的第二阶段增长。相比之下，优质物业的供给较少。因此，在 NCR 有许多重建和改造现有乙级建筑的价值增值活动。

由于优越的基础设施、可扩展性、可选择性以及建筑的质量，古尔冈有望继续优于诺伊达。

2）零售物业

新德里中部和南部原有的零售区正在面临来自城市郊区新商场的越来越激烈的竞争。在古尔冈的商场开发势头不减，但可能出现更多的供给过剩和基础设施不能满足交通需要的问题。东部的加济阿巴德和诺伊达也正在面临零售物业供给和需求的快速增长。在新德里，开发当局已采取多项积极措施来开拓大规模有组织的零售区。因此，在新德里的西部和东部的部分地区正在兴建大量的商场。在未来两年里，将计划新增超过 200 万平方英尺的购物商场。

3）住宅

侨民的需求将继续推动新德里黄金地段（Vasant，Vihar，Malcha，Marg，Westend，Shanti Niketan 等）的住宅租赁市场。越来越多的黄金地段的业主开始将自己独立房屋重新开发为公寓，通常是和开发商合作的合资公司，开发商也负责市场营销。这是目前城市的首选区域优质公寓的新供给来源。

尽管古尔冈不断增加的开发商在市场中推出了新的项目，但是去年房地产价值有一个明显的上升。

优质空间（包括独立房屋和公寓）供给量低，落后于需求，从而增加了新德里黄金地段的租赁价值。特别是在古尔冈，住宅资本价值似乎正处于一个由投机和最终用户需求引发的上升周期的开始阶段。

主要的趋势之一是郊区高档住宅的新供给。需求是由最终用户和投资者推动的。在诺伊达和古尔冈，对于中等价位的郊区物业需求不断增加。领先的住宅开发商是 Unitech、Omaxe 和 Eldeco。

新德里的中部和南部经历了交易大增，以及随之而来的资本价值的空前上升。需求的上升已经引起了新公寓的开发。这种趋势反映了生活水平的提高以及消费者信心的增强。

4.6 二线市场

二线城市为 IT/ITES/BPO 企业提供了扩张的机会，使其可以减少运营成本，并且保持区域内技术水平的多样性。二线市场以其超过一线城市的高增长率和潜在的高收益率而兴盛，这主要是因为二线市场增长更快、劳动力市场成本更低廉以及政府给予更多优惠政策，如无偿土地和免税期。

4.6.1 金奈

金奈（以前称为马德拉斯）是印度第四大城市。这座城市通过航空、铁路和公路连通了印度的主要城市。金奈也是一个主要港口，许多客轮停靠金奈港。这个城市的基础设施要优于其他的一线和二线城市。金奈市政府也以高效和商务友好而闻名。

1）写字楼

市场正在对高质量物业的需求做出反应。与其他许多高速发展的城市不同，金奈的市区以及郊区正在进行大规模的建筑活动。

郊区和工业区有大量的地块可以开发为现代化的办公大楼，还可以在相对不太拥挤的环境中提供足够的车位。IT/高科技产业行业依然是主要推动力，并且这一领域的公司往往愿意在郊区选址，这是由于这里有比 CBD 更大的办公空间和相对较低的成本。

基础设施的改善，如 6 车道高速公路和外环路的建设，有可能促进 SBD 和市区的开发活动。这些基础设施的改善还可以加速市内更多的二线商业市场的开发。

2）零售物业

大部分零售物业位于写字楼的地下和首层，或是邻近住宅区，如 Anna Nagar、Adyar 和 Besant Nagar（Spencer Plaza 是个明显的例外）。

推动需求的仍是食品连锁店、服装店和珠宝店，虽然这些零售商习惯上更倾向于已建成的零售点，但是现在他们更愿意在高档购物中心开展业务。与其他城市不同，金奈的商场开发尚未赶上步伐，这一市场有可能在中期有所发展。传统零售区的需求稳定，租金也很稳定。

3）住宅

去年，郊区出租住宅的需求上升，这主要是由于 IT/高科技从业人员的增加和住房贷款利率的下降。郊区的 Velachrry 和 Mogappair 住宅区正在成为新的居住选择，这主要由于比市区的住宅区更易承受，并且在一定程度上，也与其邻近 IT 聚集区有关。侨民仍然偏好 Boat Club、Bishop Garden 和 Kotturpuram 等传统地区。

在全市的各个地方有大量的公寓大楼正在建设之中。这些大楼通常有 8~24 套公寓，并且建在原来有旧平房的位置。许多开发商正在建造配套有娱乐设施的公寓大楼以满足日益增长的需求。其中大部分都是在拥有更大可用地块的郊区开发。中心城区看起来已经达到了供求均衡，但是在郊区，预计住宅的供给将会超过需求，并且房价也面临下降的压力。

4.6.2 海德拉巴

坐落于安得拉邦的海德拉巴自我宣传是"下一个班加罗尔"，而且只会比班加罗尔更好，因为它更小、成本更低。在过去的几年中，这个城市的软件出口已经增长到了惊人的水平。这个城市以其积极的经济发展态势而闻名。微软公司最近在该市的郊区建立了一个主要的研发基地，雇用了 3 000 多名 IT 专业人员进行新软件编程。

该市政府正在牵头 INFOCITY 高科技商业园区的开发。这座园区占地超过 175 英亩，拥有完备的公路、公共设施和 IT 基础设施，预计园区将耗资 2.09 亿美元，建筑面积 450 万平方英尺。

在过去几年，海德拉巴的 CBD 和 SBD 租赁都呈上升趋势。这主要因为 CBD 缺乏甲级写字楼供给。虽然几乎所有新的写字楼开发都在 SBD，但供给量仍相对较少。

明年预计 IT/ITES/BPO 仍将是海德拉巴商业地产的主要推动力。海德拉巴周边商业地产的需求很大。这种需求主要来自于呼叫中心和后台处理中心。但供给能够满足需求，因为大量开发商正在建造高质量大厦。甲级写字楼的收益率在12%~14%之间。

4.6.3 加尔各答

虽然加尔各答是印度的第二大城市，但在经济发展和吸引国内外投资资本方面要落后于其他主要城市。这种情况造成房地产市场现在和中期内缺乏投资机会，前景暗淡。政府正在积极地帮助加尔各答吸引 IT 投资。

房地产行业明显落后于其他主要市场，使其吸引力在印度主要房地产市场中排在最后。IT 园区的开发可以吸引那些寻求更廉价劳动力的科技公司在加尔各答投资。邦政府和市政府推出一些鼓励措施，如较低的土地价格、投资于校园开发、建设基础设施等，来提升房地产市场。但目前这些都只是计划和承诺，营销的意味超过了实质。

Rajarhat 的基础设施正在提升。一条从机场直通 Rajarhat 的道路已经建好。邦政府正在计划改进盐湖区的连通，将其与地铁网络连接。由于供给非常少，CBD 的租赁及资本价值很高。

4.6.4　三线城市

这些城市提供了大量的潜在投资机会，因为它们避开了大型的一线城市。此外，这里的生活质量相对较高，有大量的大学毕业生，还是低成本中心——劳动力、房地产和做生意的成本都很低。大量领先的印度开发商已经认识到这些城市的优势，有一些已经在这里进行投资。

1）普纳

普纳距孟买 130 英里，是著名的大学城，有时也被称为印度的牛津。这里的经济正在从单纯的工业活动转型为越来越多 IT、ITES 和 BPO 领域的商业活动。在这一转型过程中，政府扮演了推动者的角色。如马哈拉施特拉邦政府在过去 4 年一直是占地 238 英亩的软件技术园区（STP）开发的背后推动者。

生物科技已经成为邦政府关注的一个新领域。由马哈拉施特拉邦工业开发公司（MIDC）开发的 43 英亩的生物科技园区是 STP 的二期工程。东部郊区已经开始了 IT/ITES 项目的建设。这一区域主要是定制开发。如 Ozone 写字楼项目占地 80 多英亩，提供 100% 的电力备用设备、最先进的电信系统和完备的安全保证。

IT/ITS 显然已经成为未来普纳房地产的主要推动力，制造业和农业将继续是经济发展的重要组成部分。预计资本升值将会继续，因为这里缺乏高质量的供给。IT/ITES 用户为了满足对房地产需求不得不选择定制。

2）昌迪加尔

这座城市约有 100 万人口，坐落在喜马拉雅山脚下，在旁遮普、哈里亚纳和喜马偕尔邦交界处。按照人类发展指数和瞭望杂志印度最宜居城市评选，昌迪加尔排名第一。大家都认为这里是印度最清洁、规划最好的城市，它拥有完善的城市基础设施。虽然市场还处于发展初期，但是发展前景广阔。这座城市主要吸引了 IT/ITES/BPO。

3）科钦

科钦是喀拉拉邦州的一个港口城市，它坐落于印度半岛的西南海岸。这座城市以其高品质的生活质量、美丽的景色以及教育程度很高的劳动力而著称，据说这里的识字率接近 100%。科钦和全国高速公路和铁路网连接，是一个重要的港口，位置接近联结亚欧的全球主要航线。当地机场也是印度最新和效率最高的机场之一，服务于庞大的不在印度居住的印度人社区。

科钦刚刚开始有 IT/ITES 投资。目前有两个主要的写字楼园区正在计划中。港口管理局和机场管理局都已经设置了特别经济区。机场区将进行零售物业、工业物业和住宅开发。港口区将进行住宅、商业物业和基础设施开发。港口区要通过竞争性投标，而机场区可以议价。

4.7 投资策略

4.7.1 投资核心稳定的写字楼

这种策略要求必须对位于一线城市 CBD 的现有的核心稳定的写字楼进行股权投资。

这是一种风险最低且收益也最低的投资策略。这种策略吸引人之处在于执行投资简单而快捷。该策略有供给风险，特别是在印度大部分城市周边 SBD 的甲级写字楼新建起来以后。但是，由于缺乏可供开发的地块、过度管制以及周边城市再开发政策，使得 CBD 供给极度受限。在印度，房地产开发极易受政治影响。无论是在 CBD 还是在 SBD，一旦租赁期满，国际承租人都愿意从这些陈旧的城市写字楼搬出，搬进更新的真正的甲级写字楼。因此这种翻修现有旧写字楼的价值增值方案显然是值得探讨的（见图表 4.11）。

图表 4.11　　　　　　　　　　　投资核心稳定的写字楼

因素	评论
风险因素	由于几乎不存在未知因素，因此可能是所有投资策略中风险最低的。物业非常稳定——没有建设风险，也几乎没有法律或监管问题。唯一的缺点就是印度的租赁期都过短，3~5 年是常态，而非特例。但是，大多数承租人都愿意续租，平均有效的公司承租期大约是 10 年
执行和实施	印度主要的非农业经济扩张就是服务行业的增长，特别是 BPO、IT 和 ITES。但是，外包业的繁荣并不集中在有着核心稳定资产的 CBD
收益	当前的收益率反映出资本化率下降，这主要是投资者需求上升的结果。坐落在稳定的写字楼物业核心区域的甲级写字楼收益率在 10% ~ 12%。随着投资者兴趣增加，收益率可能会下降
监管/法律	作为现有资产，产权争议较少。但是，需要警告一点，在印度即使是现有的稳定资产，明晰的产权有时也会出现争议
市场规模	全国普遍存在充满投资机会的大规模市场
竞争力	由于存在大量的外国投资者，这一类别面临着相当大的竞争。但是，市场可以容纳更多的参与者。主要的竞争来自于国内的个人和机构投资者
进出市场障碍	这类交易通过与业主直接签订合同或通过中介，很容易就可以成交。因为物业可以长期持有并管理，然后整体卖出，也可以以分层产权的形式分散卖出，因此退出市场是非常灵活的

4.7.2　租赁型住宅（公寓和酒店式公寓）开发

印度没有有组织的租赁型住宅市场。这个市场可以开发豪华公寓或酒店式公寓。

专业化设计和管理的公寓住宅以及酒店式公寓的需求非常强劲。随着收入和城市人口流动性的增加，特别是年轻专业人士迁入新城区的趋势不断增强，对公寓的需求是自然而然的。来自不同国家的外国移民和印度商务人士不断增加，推动了酒店式公寓的需求（见图表4.12）。

图表4.12　　　　　　租赁型住宅（公寓和酒店式公寓）开发

因素	评论
风险因素	虽然印度的承租人对价格很敏感，但是在像孟买、新德里这样买房困难的城市中，租房可能就是唯一的选择。在未来一段时间，诸如人口增长、新建家庭冲击以及农村人口迁入城市等因素共同形成了对住宅的强劲需求。买不起房的情况将会迫使许多寻觅新房的人去租房，这种情况可能会持续若干年
执行和实施	要想成功地运作房屋租赁业务无疑需要经过一个学习过程，专门人才和基础设施都很缺乏
收益	新开发项目的收益率超过10%
监管/法律	明晰的土地所有权，特别是从私人业主手中购买的产权可能存在争议。在印度承租权也存在问题。租金上涨和退租都可能存在困难
市场规模	在一定程度上，公寓的需求还未经证实，因为目前在印度的市场上还不存在这一类别的市场。对于国内居民可能存在一个消费者接受曲线。酒店式公寓正开始在大城市兴建，以满足强劲的需求
竞争力	不存在有组织的竞争对手，只是少量参与者参与酒店式公寓的开发和运营
进出市场障碍	考虑到强劲的需求，几乎没有退出障碍。稳定的国际级公寓大楼的需求强劲，因为它的潜在购买者分布广泛

4.7.3　销售型住宅开发

这种策略要求在主要城市开发新建销售型住宅项目。

这种策略潜在收益率很高。在大多数城市，国际甲级销售型住宅的需求要远远超过供给。市场上中端产品的需求是最大的。经济上涨、中产阶级壮大、历史上较低的利率和正在发展的住房抵押贷款市场集合在一起，激发出了强劲的需求。城市的中产阶级工作者希望买到现有的平房。但是，平房却变得越来越贵，甚至买不到。在许多情况下，这种投资策略有一个非常吸引人的特点，即这是一个负的营运资本和自筹资金的项目。因为大多数项目都会在建成之前就销售一空，因此风险非常低。不会像美国公寓市场那样，印度几乎没有产品缺陷负债风险（见图表4.13）。

图表4.13	销售型住宅开发
因素	**评论**
风险因素	由于项目通常在建成前就已经销售一空，因此风险很低。产品负债风险低，销售价格上涨超过了建筑材料价格的上涨
执行和实施	除最小型的项目以外，不对外开放。最优策略就是同当地开发公司合作
收益	这是当前收益率最高的策略，无论是相对收益率还是绝对收益率。2004年，强劲的需求和不断上涨的销售价格提高了收益率。收益率超过80%是很正常的，股权内部收益率（IRR）更是高达百分之几百。某些情况下，甚至不要求项目的股权
监管/法律	明晰的土地所有权，特别是从私人业主手中购买的产权可能存在争议。迄今为止，建设仍没有监管，根本没有工会
市场规模	市场规模巨大，特别是考虑到过去10年中存在着未得到满足的受抑制的需求这一事实。这是印度市场最大的房地产类别。在未来一段时间，诸如人口增长、新建家庭冲击以及农村人口迁入城市等因素共同形成了对住宅的强劲需求
竞争力	几乎没有竞争对手，只有少量的本国参与者
进出市场障碍	考虑到强劲的需求，几乎没有退出障碍

4.7.4　酒店——五星级豪华酒店和商务酒店

由于来自国内和国际消费者日益增长的商务和休闲旅游，酒店需求强劲。在一些大都市，新建国际级酒店需求旺盛，入住率超过90%。

随着经济的持续扩张以及国际旅游到访人数的增加，需求可能将大幅上升。当前，新建酒店房间供给相对较低。特别是五星级酒店和中档商务酒店需求很大。

印度国内的商务旅客长期以来忍受着国内酒店的糟糕状况。随着逐渐同世界接轨，印度国内旅客也开始要求获得价位合理的国际标准的质量（见图表4.14）

4.7.5　土地投资/土地储备

这种策略要求购买或获得（未开发或有一些改进）土地并持有3~5年的时间，然后出售或开发其中的一部分。

近年来，房地产市场升值最大的就是土地，但不是任何土地，只有在高需求地区的城市土地。正在创造收入并且虽然有所改进但仍未达到最高和最佳用途的土地，可以支付持有成本。这种策略吸引人的地方很多。在印度许多地方的土地价格逐步上升的速度要快于房地产。这种策略选择之所以吸引人，就是因为它是最简单的。由于房地产和建筑市场的持续增长，升值仍将持续（见图表4.15）。

图表 4.14　　　　　　　　　　　　豪华和商务酒店开发

因素	评论
风险因素	酒店是一个与当前经济和政治形势紧密相关的类别。一场经济或政治冲击会对酒店业产生负面且迅速的影响。仅就 "9·11" 事件对美国酒店业的影响而言，持续了将近两年。最近印度的一个例子就是 2008 年的恐怖分子袭击孟买的奥拜罗酒店事件
执行和实施	没有特别的风险
收益	内部收益率（IRR）可能超过 30%
监管/法律	没有特别的风险
市场规模	由于 FDI 明显低于其他国家经调整的相对人均水平，商务和观光旅游应该会迅速发展。相对于印度的面积而言，商务和观光旅游水平显然相当低。如果印度继续保持强劲的增长，酒店的需求会很大
竞争力	虽然现在有国内和国际连锁店，但是酒店仍非常少。当前，商务酒店没有竞争
进出市场障碍	没有特别的障碍

图表 4.15　　　　　　　　　　　　土地投资和土地储备

因素	评论
风险因素	土地储备的主要风险可以分为两个方面。其一，土地所有权，特别是向私人购买的土地所有权比较模糊。印度没有产权保险行业。每日新闻经常报道关于土地所有权纠纷。其二，政府对房地产 FDI 的监管要求开发要有某种程度的进步。换句话说，政府不鼓励并禁止土地银行和土地投机。但是，授权和批准（计划、划分区域、设计间距）要数年时间——执行这一策略有充足的时间
执行和实施	进入的障碍相对较少
收益	收益率可能达到百分之几百
监管/法律	明晰的产区和法律要求开发（不鼓励投机）是主要的障碍。在投资期间违章占地也是一个问题。一旦处置或出租，他们就必须搬家
市场规模	市场规模很大。印度的城市正在快速地都市化。农村向城市的移民趋势将进一步加速城市经济的增长和农业经济的衰退。城市土地将越来越稀缺
竞争力	许多当地的公司参与到了土地投资中。毫无疑问，这是一个竞争激烈的市场。与大多数投资者相比，外国投资者具有资金和规模优势
进出市场障碍	退出的障碍包括市场时机的选择。在过去的 13 年中已经历两个周期

4.7.6　抵押贷款行业

这一策略主要涉及对正在不断发展的印度抵押贷款公司进行投资。

抵押贷款行业虽然刚刚起步，但是发展迅速。印度的抵押贷款规模占 GDP 的比例是亚洲是最低的。随着中产阶级的日益壮大、消费信贷和国际水平住宅需求的增长，预计印度的抵押贷款行业有望在 5 ~ 8 年的时间里成为全世界规模最大的抵押贷款市场之一。对到迄今为止仍然以支付现金形式进行房地产交易的国内金融业而言，抵押贷款融资正在经历一场革命。住房抵押贷款的普及率和接受程度都在上升。在新产品开发和细分方面仍有空间。目前，大部分抵押贷款的贷款价值比不超过 70%，几乎都是固定利率（一般不超过 7.5%），并且贷款期限相对较短，在 15 ~ 20 年之间（见图表 4.16）。由于印度年轻的人口（正以不断增长的速度从大家庭里分出独立的家庭）、收入增长，居者有其屋的文化目标（特别是核心小家庭），房屋价格的上涨以及支付能力低（排除某些情况下的现金购买）等原因，抵押贷款需求将会持续增加。

图表 4.16　　　　　　　　　　　　　　　　抵押贷款行业

因素	评论
风险因素	选择适当的合作公司是关键。由于印度经济容易受到石油、通货膨胀、货币供给的冲击，因此存在相当大的利率风险
执行和实施	寻找适当的合作伙伴，进行广泛的尽职调查，根据向前发展的合作关系进行监督
收益	高。难以估计
监管/法律	投资于住房抵押贷款行业必须得到政府的批准
市场规模	巨大，在未来五年内，有可能发展成数千亿美元的大市场。它可能是继中国之后最大的市场
竞争力	目前还没有国内和国际竞争者关注这个规模较小的市场
进出市场障碍	几乎没有

4.7.7　租赁型写字楼开发

这一策略包括甲级写字楼和研发中心的开发，以及这一区域的长期租赁和管理。

由于外包业的发展，主要城市 SBD 的写字楼需求持续增加。需求的性质也在发生变化。逐渐地，写字楼用户更喜欢租用而不是购买办公区。实际上，这在美国非常常见，用户更喜欢这种充分利用空间的租期相对较短的"即插即用"模式（见图表 4.17）。

图表 4.17	租赁型写字楼开发
因素	评论
风险因素	市场风险，建筑成本，开发时机
执行和实施	许多项目在没有完全出租之前就已经开始。最安全的策略是有跨国公司信用保障的定制项目。但这并不是在任何情况下都是可行的，有时一个单一的承租人租赁大部分空间是不受欢迎的
收益	IRR 趋近于 20%。收益主要来自资本升值，并在建筑出售时实现
监管/法律	由于可以创造就业机会，当地政府鼓励写字楼大厦和办公园区的建设。因此审批可能会非常快，并且还有大量的激励政策，如低成本或减免土地、收入、财产的税收等优惠，特别是在二线城市，它们急于吸引新的创造就业机会的高科技投资和商务流程外包（BPO）
市场规模	考虑到 BPO/ITES 是印度经济增长和国内需求增长的主要推动力，市场规模很大
竞争力	几乎没有竞争者，只有少量的国内投资者
进出市场障碍	甲级、完全出租的建筑有很多稳定的购买者

4.7.8 销售型写字楼/研发中心的新开发

这一策略将涉及新的写字楼的开发或购买现有的写字楼/研发中心资产，它们主要销售给国内和国际购买者。

IT/ITSE/BPO 的持续发展刺激了对写字楼和研发区的需求。随着跨国公司外包业的发展以及印度服务业所具有的成本优势，写字楼的需求会进一步增长。但是，印度现有的写字楼和研发中心大多是落伍或过时的。无论是跨国公司还是国内公司的使用者（印孚瑟斯、萨蒂扬软件技术有限公司、塔塔咨询服务公司）都要求国际标准的办公楼。这种状况将使金奈、普纳和海德拉巴，甚至昌迪加尔和科钦等三线城市由于其比较成本优势而获益。而且，由于它们的价格还没有涨到一线写字楼市场的水平，所以这些市场上的写字楼价格会进一步上升。由于这个大市场有现成的购买者和用户，从而使这一类别的投资具有优势（见图表 4.18）。

4.7.9 特别经济区开发

这一策略提供了一个非常令人感兴趣的回报和风险组合。回报主要包括控制大片可开发城市土地的机会，这些城市土地价值的上升可以带来巨额资本溢价。而风险主要是这类项目在过长的投资期内占据大量的资本和资源，而没有经济收益，使这些项目就像一个填不满的黑洞。许多项目要求在开始着手纵向开发之前，先要横向开发。

图表 4.18	销售型写字楼和研发中心的开发
因素	**评论**
风险因素	甲级写字楼和研发中心需求强劲，并有望持续
执行和实施	除了极小的项目规模和投资，几乎没有风险
收益	收益率预计在 18% ~35% 之间
监管/法律	明晰的土地所有权，特别是从私人业主手中购买的产权可能存在争议。迄今为止，建设仍没有监管，根本没有工会
市场规模	市场规模巨大并有望进一步扩大。最大的市场需求是在 SBD 的大面积甲级写字楼
竞争力	只有几个区域性开发商和少量的国内开发商
进出市场障碍	考虑到需求强劲，退出障碍几乎没有。资产既可以整体出售，也可以按分层产权部分出售

这些项目规模巨大，通常要求数亿美元的资金和非常长的投资期——通常超过五年。由于这些项目具有规模巨大、资本密集和开放式的特性，因此有许多不可控和未知的风险。当然，这些项目也可能顺利完成（见图表 4.19）。

图表 4.19	特别经济区开发
因素	**评论**
风险因素	由于有许多未知因素，因此风险较高。这不仅因为项目规模巨大，而且因为其高调的性质、政治色彩以及在纵向开发之前必须先进行大量横向开发的现实情况。许多项目要求拆迁破旧的违章建筑
执行和实施	这是非常复杂的投资，许多交易参数需要协商。要求巨额资本、技术和融资能力
收益	以孟买特别经济区（SEZ）为例，收益率在 30% 左右。由于印度城市拥挤，基础设施欠发达，SEZ 提供了综合的有规划的工作和生活环境的良机。但是，成本严重超支，有可能会彻底抵消所有的收益
监管/法律	这些项目是显而易见并且高度政治化的。所获得的授权会持续多年
市场规模	全国的 SEZ 很少。像孟买 SEZ 一样，它们都规模巨大，资本密集
竞争力	鉴于这些项目的庞大规模和复杂性，竞争相对受到限制。只有最大的投资者和开发商才能承担这类项目
进出市场障碍	这些不是单独的资产，而是一个园区，甚至是新城镇。退出不简单，是个一次性交易

4.7.10 零售物业开发

这一策略包括在城市地区投资新的零售物业开发项目。大多数新开发项目都是零售购物中心。

在主要的房地产投资类别中，零售物业被视为最具挑战性的。虽然开发活动不少，但是收益率参差不齐。印度的消费者被普遍认为是渴望现代零售业。近年来，在主要的大都市中，已经有大量的购物中心开发项目。这些纵向填充式开发中的大部分缺乏计划和执行力。因此，零售物业开发毁誉参半，销售缓慢，而且大部分印度人去购物中心就是为了享受里面的空调而不是去购物。有人认为购物中心过多了。也有人认为没有，仁者见仁智者见智，主要要看零售物业开发满足需求的效果如何（见图表4.20）。

图表4.20   **零售物业开发**

因素	评论
风险因素	因为到目前为止，还没有几个成功的案例，所以风险是很高的。缺乏计划、设计和一流零售购物中心管理的国际专业知识
执行和实施	找到合适的、大到足够容纳区域生活体验中心的土地是具有挑战性的。直接投资的外国零售商被排除在市场之外。本国零售商无力支付高昂的租金
收益	报告中的收益率处于中等水平，但实际上，真实收益率数据根本不存在
监管/法律	零售商的FDI仍然受限，但这种状况有可能改变。销售税（增值税）很低
市场规模	印度市场很大——是世界最大的市场之一。中产阶级估计有超过1亿的人口，并还在不断地增长。购买力尽管还很低，但随着收入的增加和消费信贷的扩大，会越来越强。对国际商品和品牌的需求也在不断上升
竞争力	这一类别由当地开发商控制，他们主要开发低档项目，而不是国际级的购物中心
进出市场障碍	除非开发能够达到国际水平，否则有可能被下一代零售物业开发超越，毫无疑问只要零售物业FDI获得许可，这一刻就将来临

4.7.11 以公共交通为导向的开发（TOD）

以公共交通为导向的开发在交通负荷过高的国家拥有巨大的潜力。

在大部分城市中，道路系统是高度拥挤的。由于财产权、高额的土地成本以及重新安置所采取的大规模公共措施通常会引起争议，增加道路数量是非常困难的。印度的某些城市都是世界上人口密度最大的。在城市间往返，铁路将逐渐成为最实际可行的方式。火车站通常在各城市最好的地点。这些地点为政府所有，无论是实际用途还是经济用途都未得到充分利用。TOD的开发应该满足零售业、办公住宅、工业用房的需求（见图表4.21）。

图表 4.21	以公共交通为导向的开发（TOD）
因素	评论
风险因素	最大的风险可能是这些地点通常是由各类政府机构（当地、区域、联邦政府）所有。同政府之间的互动缓慢，并带有政治性
执行和实施	同各级政府合作需要投入大量的时间，因此主要的障碍就是时间机会成本，即其他投资可能花费更少的时间
收益	难以估计
监管/法律	这一策略将包括各种形式的公共或私人合伙人，非常复杂。这些交易也属于私有化的范畴——政治上比较敏感，特别是铁路——在印度被视为基本的公共产品
市场规模	印度有数以千计的 TOD 地点
竞争力	目前没有国内或国际竞争者关注这一领域
进出市场障碍	将成为多样化资产的集合，包括多样化运营业务

第 **5** 章 巴 西

5.1 导 言

巨大且不断增长的经济规模、持续增加的城市人口和青年人口、持续扩张的房地产总市值、不断降低的系统性市场风险水平以及可靠的政治和金融稳定性使巴西获益匪浅。此外，在 2004—2008 年中期的经济复苏期间，巴西房地产表现出强劲的资本升值和较高的租金增长率。展望未来，我们相信，虽然由于全球经济衰退而出现经济临时性滑坡，但巴西的强劲表现仍将持续。考虑到巴西在所有主要的市场吸引力指标（如总市值、经济规模和增长率、城市化水平以及市场风险）上都排名优异，因此相对于其他南美洲国家以及世界上其他新兴国家而言，巴西表现强劲。虽然短期内房地产定价也会像世界其他资产类别一样受到影响，但我们相信 2010 年将会出现进入市场的良机。

无论是国土面积还是人口，巴西都是世界第 5 大国。巴西目前是世界第 8 大经济体，[①] 并有望到 2050 年成为世界第 5 大经济体。[②] 巴西巨大且显著的区域差异要求投资者更细微地考察投资机会。考虑到当地的经济驱动因素和供求前景，本章的目标是分析市场并分别讨论 4 种主要房地产类型的投资策略。

5.2 市场环境概览

同中国和印度一样，由于经济增长步伐强劲、就业扩张以及消费者需求旺盛，巴西房地产的存货无论在数量上还是质量上都无法满足企业和家庭的需要，显然也无法满足人们被压抑的对新房的需求。所有主要的国际评级机构都将巴西的长期主权债务评级上调至投资级，这预示着非常良好的投资条件。发展和增长的中长期轨迹将继续保持强劲增长。通过大量的资料预测，巴西的经济增长率比世界上大多数国家受经济衰退的影响都要小，全球经济衰退对巴西的影响是很温和的。

尽管 2009 年全球经济下滑，但巴西迄今的表现证明它已经顺利地渡过难关。巴西经济发展全面而均衡，并不过度依赖对某一个国家的出口。实际上，以世界标准来衡量，巴西出口占 GDP 的比重很低。在过去的一年或更长的时间里，对风险

---

① 2009 年年末的估计，EIU，2009 年 9 月。
② Goldman Sachs, "BRICs and Beybond" (2007)，根据购买力平价量度。

的再评级提高已成为新兴市场投资的特点。困扰许多发达国家和新兴经济体的通货膨胀风险目前已经逐渐减弱。我们相信，无论是相对于其自身的历史，还是相对于相近的新兴市场国家，亦或是与世界成熟发达的市场相比，巴西在经济基础和财政管理方面都表现突出。

巴西拥有丰富的自然资源、可观的劳动力、较高的预期投资率，因此它具有追赶世界发达经济体的巨大潜力。在2008年1月，巴西债务状况有了极大改善，已由世界上最大的新兴市场债务国转变为净债权国。巴西实施严格的、负责任的财政政策，并且政治环境稳定。预计庞大的外汇储备会使巴西在进一步的全球动荡中得到缓冲，同时至今仍相对欠发达的信贷市场受那些困扰全球信贷市场的问题的影响也相对较小。

5.2.1 经济和制度环境

考虑到巴西的经济规模和增长速度，无论长期还是短期，我们相信，投资的宏观经济环境都是非常良好的。尽管在2009年初曾一度出现负增长，但到年底，巴西经济强劲反弹，很多产出指标达到或接近危机前的水平。

1）GDP

2008年，全球经济增长放缓，并在2009年进一步收缩，这是自20世纪30年代大萧条以来最严重的全球衰退。2009年第3季度，由于主要发达经济体出现一定程度的上调，预计经济将会趋稳，2009年全球GDP增长率上涨了0.5%。在近期的全球衰退中，巴西经济被证实出现反弹，因为巴西经济仅出现连续两个季度的负增长（2008年第4季度—2009年第1季度）。它是最后进入衰退但又最早恢复增长的主要经济体之一，产出的下降相对温和。与其他主要经济体相比，预计巴西和日本是最早将于2010年就达到或超过其长期平均增长水平的主要经济体（见图表5.1）。

图表5.1　　　　　　　　　　全球经济增长预测

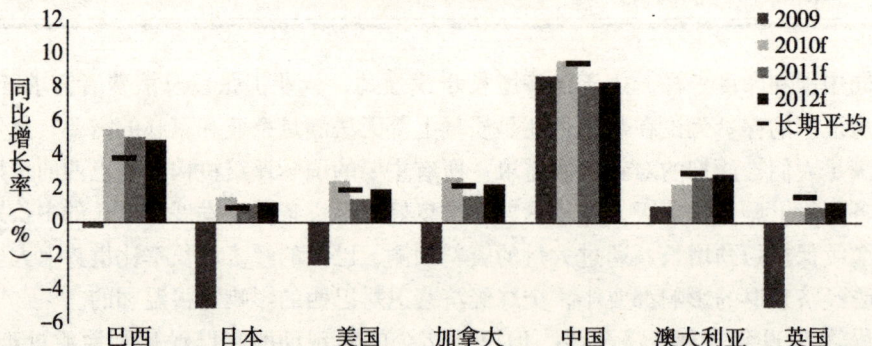

资料来源：Thomson Financial Datastream/EIU，ING Real Estate Research & Strategy，as of October 15，2009.

注：从左到右，各国按其预测的2010年GDP增长率与其长期平均GDP增长率的差值排序（"LT Avg"代表"长期平均"，是10年历史数据和5年预测数据混合的简单算术平均数，即1999—2013f）；"f"代表预测数据。

虽然由于全球经济衰退，巴西经济也放缓，但由于种种原因，巴西的平均经济增长率仍保持令人震惊的水平。在全球 15 大经济体中，在 2010—2012 年期间，只有中国和印度的预期经济增长率高于巴西。值得注意的是，有一点必须强调，中国和印度是中低收入国家，而巴西早已是一个有着较低自然增长率的中高收入国家。[①]

2000—2007 年期间，巴西的年均实际 GDP 增长率达到 3.4%，高于 20 世纪 90 年代 2.6% 的增长率以及 20 世纪 80 年代"失去的 10 年"期间 1.6% 的增长率，在"失去的 10 年"中人均 GDP 大幅下降。2009 年，由于经济低迷，人均收入水平有可能下降（见图表 5.2），但预计在 2010 年将会重新恢复增长。

图表 5.2　　　　　　　　巴西人均 GDP 和人均 GDP 增长率

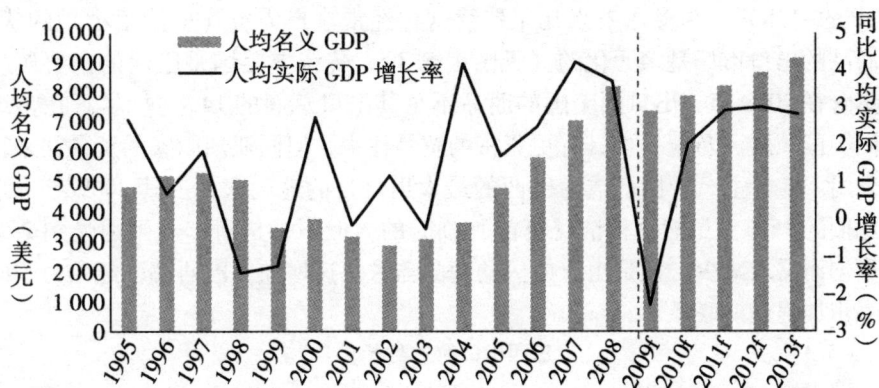

资料来源：Economist Intelligence Unit, ING Real Estate Research & Strategy, as of September 28, 2009.

巴西之所以能够渡过全球宏观经济和金融危机，是因为它的信贷市场规模相对较小，经济呈多样化，国内部门庞大，并且有一个在财政上负责任的政府。

一般情况下，巴西比其他经济体受影响较小的原因主要有以下几个：

■ 与美国、欧洲市场以及目前受信贷紧缩困扰的其他地区相比，信贷市场占整个巴西经济的比例很小。

■ 巴西政府被证明在财政上是负责任的。

■ 根据一系列下文将探讨的指标，对于国际投资者而言，巴西的政治和金融风险很低。

■ 巴西是食品和石油的净出口国。

■ 巴西在全球拥有广泛的贸易伙伴。

■ 基于其雄厚的经济基础，从 2010 年开始，不断增长的国内消费可能成为巴西新的增长引擎（EIU，2009 年 9 月）。

---

① 这是按照世界银行的框架，根据人均收入对经济体进行分类。905 美元及以下为低收入；906～3 595 美元为中低收入；3 596～11 115 美元为中高收入；11 116 美元及以上为高收入。巴西属于"中高收入"类别。事实上，在 20 世纪六七十年代，巴西还是低收入国家时就已经经历了今天印度和中国的增长速度（IMF，2009）。

2）贸易和商品

在过去的几十年，巴西经济经历了明显的转型。传统上，农业和矿产是巴西经济增长的主要贡献者，尽管最近在全球市场上农产品和矿产品的价格达到创纪录的高价位，但在巴西今年前 8 个月的出口中，初级产品仅占 43%，而工业制成品占 45%，半成品占 13%。① 由于经济危机严重冲击了发达国家市场，使其对外国产品的需求下降，最初，巴西商品出口下降，但此后强劲复苏。工业制成品出口的下降（截至 2009 年 8 月累计 12 个月的数据是-20%）比初级产品出口（累计 12 个月的数据是-2%）的下降要多得多。② 尽管如此，工业制成品出口仍占巴西商品出口的最大份额。

2007 年，巴西是世界第 12 大贸易顺差国。但预计 2008 年经常账户逆差将达到 GDP 的-1.8%，并将在未来几年持续这种经常账户为负（虽然很小）的状况。巴西商品的出口市场是多元化的（见图表 5.3），传统上美国是巴西的主要贸易伙伴，尽管在 2008 年，出口到美国的商品不足其出口总额的 14%。③ 尽管在传统上巴西同美国、欧洲乃至日本具有更紧密的贸易往来，但同亚洲国家的贸易往来正在不断升温。实际上，中国已成为巴西的最大出口目的地国家，占其 2009 年上半年出口总额的 15%。虽然这种情况可能是临时的，但不管是由于美国因受到金融危机的重创而需求减少，还是由于中国的商品需求快速增加，巴西都已经致力于同中国进一步加强经济联系。

图表 5.3　　　　　　　　　巴西出口的主要市场

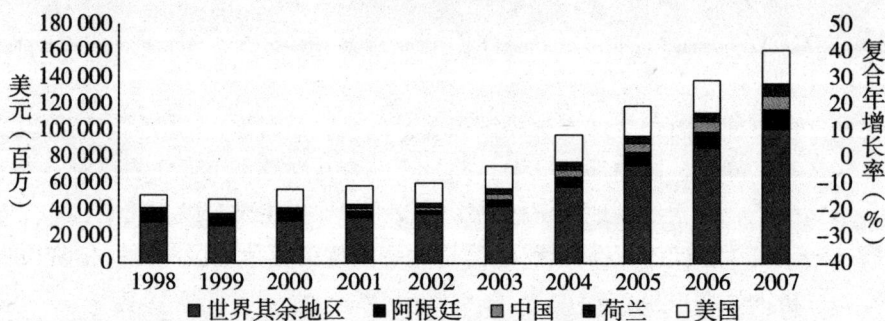

资料来源：Thomson Financial Datastream/OECD/IMF Direction of Trade Statistics, ING Real Estate Research & Strategy, as of June 9, 2009.

注："CAGR"是指"复合年增长率"。"世界其余地区"是指除去图中已提及国家以外的其他国家。

在过去几年里，巴西已由一个石油净进口国转变为石油净出口国，如果巴西石油公司（国家石油公司）最近宣布的在近海发现特大油田被证实属实的话，巴西在未来的 10 年里很可能成为世界上最主要的产油国。④ 2007 年和 2008 年，在西南

---

① Banco Central do Brazil, September 2009.
② Ibid
③ Ibid
④ ING Real Estate Research & Strategy based on the U.S. Energy Information Administration, Short-Term Energy Outlook, May 2009.

海岸不远处的桑托斯盆地的一些勘探区发现了油藏。这些油藏分别是图皮油田、Bem-te-vi 油田、卡里奥卡油田、帕拉蒂油田、卡拉巴油田和胡皮特油田。根据巴西石油公司公布的数据，图皮附近发现的这个大型油田可采储量约 80 亿桶。[①] 该公司还宣布，桑托斯盆地一些油田的储量要比先前估计的还要多。据美国能源局预测，在未来 20 年里，巴西燃油生产将会稳步增长（见图表 5.4），与 2008 年相比，2009 年的长期展望进一步提高。

图表 5.4　　　　　　　巴西液体燃料生产

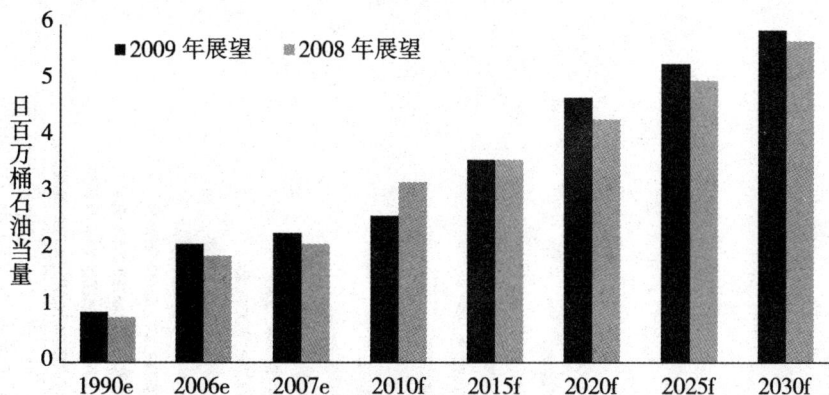

资料来源：U. S. Energy Information Administration, International Energy Outlook May 2009, ING Real Estate Research & Strategy, as of September 28, 2009.

　　20 世纪 80 年代，巴西的经济增长同与英国和美国的贸易紧密相关（见图表 5.5）。但是最近，巴西同中国的贸易联系特别紧密。因而，当前巴西的经济增长同欧洲 15 国、英国和美国都不再有显著的相关性，这意味着巴西从出口市场多元化中获益。[②] 与之相反，紧密的贸易往来转移到了中国，巴西的经济增长同中国的经济增长显示出紧密的相关性。巴西向美国和其他拉丁美洲国家出口的年增长率在 10% 左右，但是向中国的出口（虽基数较小）却以年均近 30% 的速度快速增长。

图表 5.5　　　　　巴西经济增长与所选世界市场的相关性

1981—1992	巴西	1993—2008	巴西
巴西	1.00	巴西	1.00
中国	0.41	中国	0.66
欧洲 15 国	−0.23	欧洲 15 国	−0.08
印度	0.34	印度	0.09
英国	0.65	英国	−0.13
美国	0.53	美国	−0.13

资料来源：ING Glarion Research & Investment Strategy, as of April 2008.

注：阴影标注的相关系数表示在 90% 的水平上显著正相关（1981—1992 年为 $1.645/\sqrt{12}$，1993—2008 年为大于 $1.645/\sqrt{15}$）。

[①] "Petrobras's Tupi Viable at Third of Current Oil Price," Bloomberg. com, July 3, 2008.
[②] 欧洲 15 国是奥地利、比利时、德国、丹麦、爱尔兰、芬兰、法国、希腊、意大利、卢森堡、荷兰、葡萄牙、西班牙、瑞典和英国。

3）外国直接投资

除了出口部门以外，巴西经济也受益于其他强劲的部门。巴西的固定投资总额（GFI）占其 GDP 的比重与大多数新兴市场国家相比仍然很低，因此，巴西的 GFI 还有着相当大的进一步发展潜力。由于巴西的主权债务信用等级已经被提高到投资级（标准普尔和惠誉分别在 2008 年 4 月和 5 月进行的调整，穆迪在 2009 年 9 月进行的调整），外国投资规模很可能要超过早先的预期（见图表 5.6）。这是因为许多资本只能投资于具有投资级评级的市场上。这对房地产行业的需求而言是个好兆头。

图表 5.6

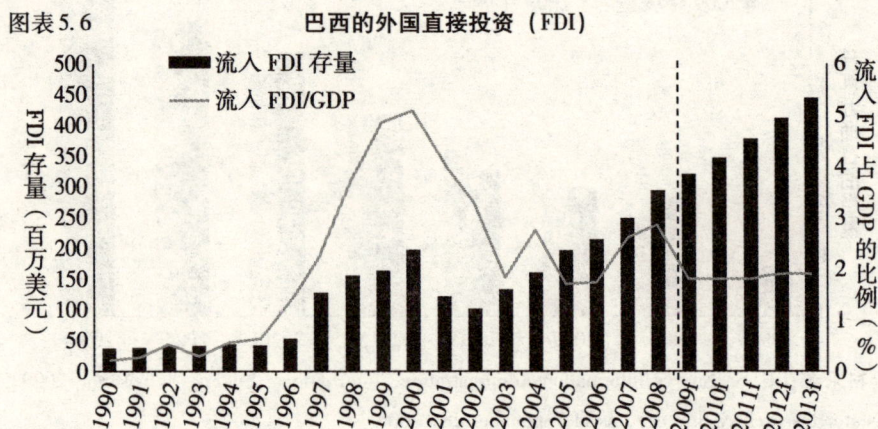

巴西的外国直接投资（FDI）

资料来源：Economist Intelligence Unit，ING Real Estate Research & Strategy，as of September 30，2009.

4）通货膨胀

螺旋式上升的高通货膨胀率使巴西强劲的经济增长受阻。受到抑制的经济活动以及相对较低的能源和商品价格在短期内缓解了通货膨胀压力，因此，预计 2008 年通货膨胀将达到顶峰。尽管全球经济反弹可能会加大通货膨胀压力，但我们相信，比起早些时候，出现极高通货膨胀的风险极小。

目前巴西的管理当局将继续实施高度负责的政策，以此来证明其坚持以通货膨胀作为目标。当局似乎要坚定地致力于实施"财政责任法"，这将有助于增强投资者的信心。2008 年 4 月，巴西中央银行上调了基准利率（SELIC 利率），结束了历时两年半连续 18 次降低基准利率的情况。巴西的基准利率经过几次上调后，于 2008 年 9 月达到 13.75%。这一趋势在 2009 年 1 月发生了转变，为了刺激经济发展，中央银行又开始大幅降低基准利率。与大多数其他主要经济体不同的是，前一阶段基准利率的上调为其后的利率下调预留了足够的空间（见图表 5.7）。

5）货币

1999 年，巴西引入了自由浮动汇率制度。尽管没有设定汇率水平的官方目标，但是 2007—2008 年期间，巴西中央银行积极地干预外汇市场以控制本币升值。但是，这种干预是有限的，2007 年雷亚尔对美元升值了 20%，并且一直保持强劲直

图表5.7　　　　　所选市场的消费者价格指数（"CPI"）和货币市场利率

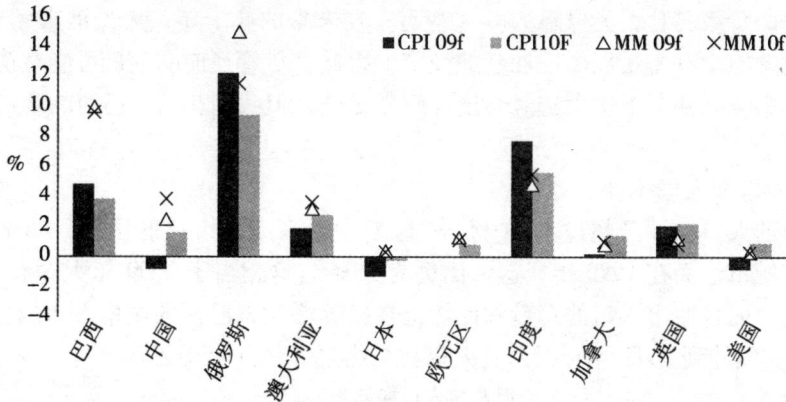

资料来源：EIU，ING Real Estate Research & Strategy，as of September 30，2009.

注：各个国家按照 2009 年货币市场利率和 CPI 之间的差异从高到低排序。

至 2008 年 8 月底，造成这一结果的部分原因是商品价格高涨以及巴西基准利率 SELIC 与大多数发达国家基准利率的利差扩大。此后，雷亚尔开始贬值，到 2008 年 12 月为止共贬值 60%。贬值趋势结束后，雷亚尔又开始升值。我们认为，雷亚尔的前景取决于全球经济增长减弱的程度以及巴西政府所采取的措施成功与否。长期前景还取决于全球商品价格，因为雷亚尔在历史上表现出了与全球商品价格的相关性。许多专家预计 2010 年和 2011 年，雷亚尔的走势将相对稳定并伴有上升的风险。一般情况下，雷亚尔将对美元保持稳定或略有贬值，这主要是因为美元兑其他主要货币一直处于强势地位（见图表5.8）。

图表5.8　　　　　巴西雷亚尔兑美元的即期汇率

资料来源：Thomson Financial Datastream，ING Economics forecasts as of September 14，2009，ING Real Estate Research & Strategy，as of September 15，2009.

6）政治风险

卢拉于 2002 年年底当选总统，2007 年成功赢得连任。2009 年的民意调查表明卢拉获得非常高的支持率。

随着经济的复苏，我们认为社会不满的风险将得以缓解，政治稳定的时代应该会继续。除了强有力的政治领导之外，更为深入的结构和制度变革也已准备就绪，这是以中产阶级的壮大为保障的。这表明，在未来的几十年，无论谁来领导巴西，制度建设的健全有力足以保证社会的稳定。因此，尽管当前的危机可能对执政党产生负面的影响，甚至下次大选时会出现政党更迭，但我们相信，巴西的政局仍将保持稳定。

　　7）人口和人口统计

　　巴西的人口估计已超过 1.91 亿。[①] 这是一个高度城市化的国家，86% 的巴西人居住在城市，而在 1990 年，这一比例为 75%。这相当于 2009 年大约有 1.65 亿城镇居民，而且城市人口的总量和比例仍在持续增长。巴西的城市人口居世界第 4 位。[②] 现在预计到 2012 年，巴西总人口将会超过 2 亿（见图表 5.9）。[③]

图表 5.9　　　　　　　巴西总人口和城市人口

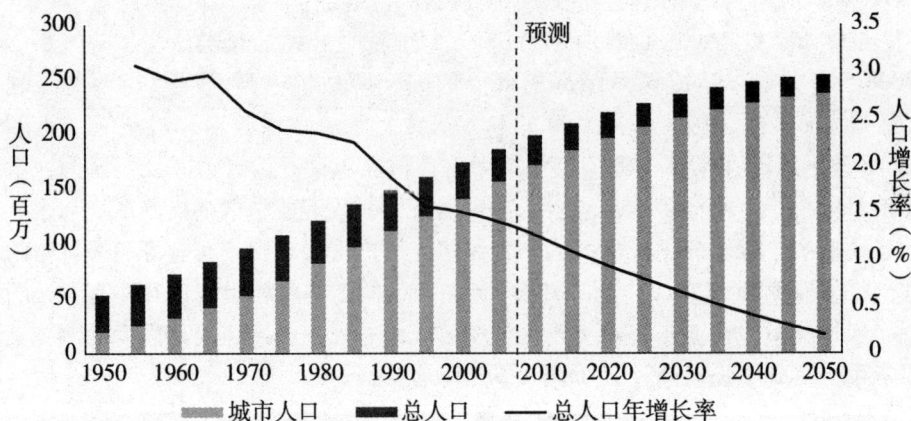

资料来源：UN population division, as of May 2008.

注：规模和年增长率都是按 5 年期计算。

　　巴西的年轻人口现状对于其房地产投资是一笔巨额财富。目前巴西人口的平均年龄是 28.6 岁，到 2020 年将会增长到 32.2 岁。但在 2050 年前预计不会超过 40 岁。[④] 巴西人口老龄化的速度比欧洲、日本、北美以及新兴国家，如中国和俄罗斯慢很多。从 2009 年开始，15～44 岁之间的巴西人口将会超过 9 600 万，并且预计在 2020 年前，这一年龄段的巴西人口将会稳定在 1 亿以上。

　　图表 5.10 显示了 2009—2020 年巴西的年轻人口状况，特别是与北美（反过来，相对于欧洲和日本，北美人口状况更年轻化）相比。巴西发展潜力的一个重要指标就是人口、需求驱动型经济增长——特别是在城市地区，将成为该国在未来几十年的一大特点。2008 年，抚养比率估计为 49%；儿童而非老人是受养人中的

---

① Instituto Brasileiro de Geografia a Estatistica estimate, as of June 2009.
② 印度尼西亚——世界上人口总量位居第 4 的国家，与巴西相比绝大部分人口居住在农村。
③ EIU, as of September 2009.
④ U. S. Census Bureau International Database, as of June 2009.

绝大多数（81%）。① 这一比率低于我们关注的几个发达国家，但高于其他发展中国家，如中国。② 但是，预计巴西的比率在未来几年也会有所下降，到2050年将达到56%的峰值，届时巴西将顺利完成人口转型。③

图表5.10　　　预测的 2009 年和 2020 年人口状况：巴西和美国

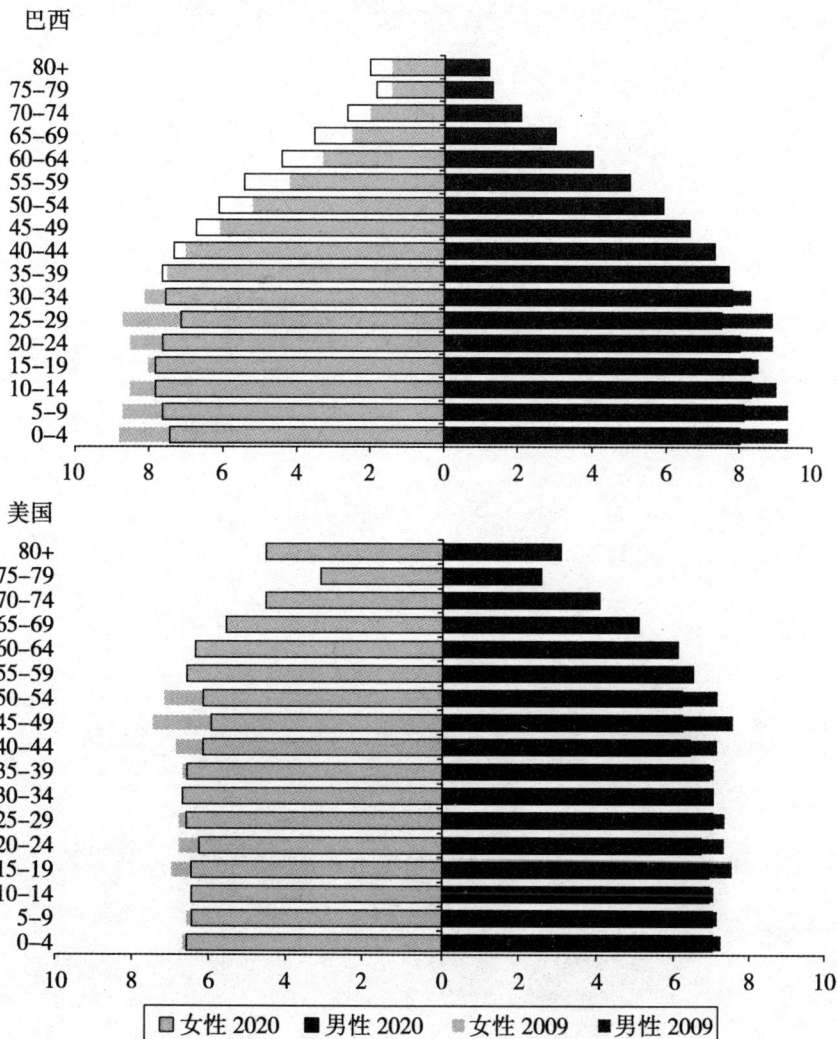

巴西

美国

□ 女性 2020　■ 男性 2020　▨ 女性 2009　■ 男性 2009

资料来源：U. S. Census Bureau, ING Real Estate Research & Strategy, as of February 3, 2009.

　　巴西全国共分为 27 个联邦区或州，其中包括巴西利亚，即首都所在的联邦区。这些州可以分为 5 个大的地理区域。这些区域在规模和特点上差别很大。几个北部的州（位于亚马逊河流域的几个州）是过去几十年随着有居民迁入该地区才形成

---

　　①　定义为非劳动人口（0～14 岁加上 65 岁及以上）除以总劳动人口（15～64 岁）。资料来源：U. S. Census Bureau, ING Research & Strategy, as of February 2009.
　　②　澳大利亚为48%，德国为51%，日本为54%，英国为49%，美国为49%，资料来源：U. S. Census Bureau, ING Research & Strategy, as of February 2009.
　　③　IBGE, 2008 population projections revision, as of June 2009.

的。虽然北部各州发展迅速，但仍然规模小、欠发达并且地处偏远。与之相反，圣
保罗州贡献的 GDP 超过全国 GDP 的 1/3（见图表 5.11），并且南部和东南部附近
的州也是最大的经济体。巴西 58% 的人口居住在南部和东南部各州，且有相当高
比例的富裕家庭居住在这些地区（见图表 5.12）。[①]

图表 5.11　　　　　　**巴西各地区/州经济规模（GDP）比较**

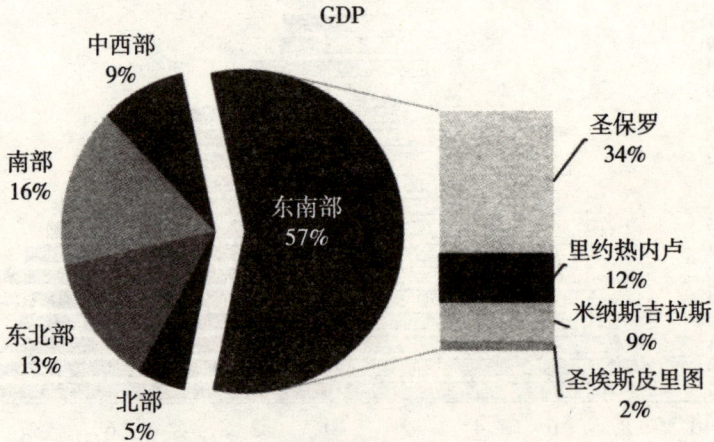

GDP

资料来源：IBGE, ING Real Estate Research & Strategy, as of January 22, 2009.

图表 5.12　　　　　　**巴西各地区/州的人口规模（占总人口的%）**

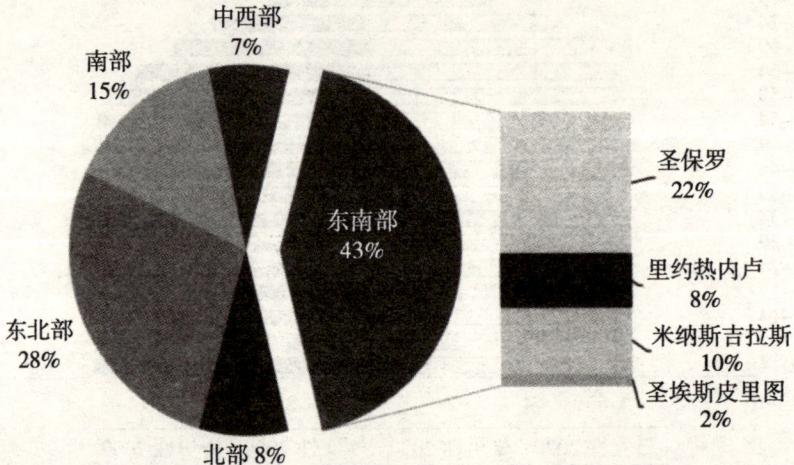

资料来源：U. S. Census Bureau, ING Real Estate Research & Strategy, as of February 3, 2009.
Data refers to year end 2006.

巴西进一步可以分为 5 500 个市。其中有 14 个城市人口规模超过 100 万，还
有 23 个城市人口为 50 万~100 万，62 个城市人口为 25 万~50 万。[②] 实际上，全
世界人口最多的两个大都市区位于巴西。根据 IBGE 2009 年 6 月公布的人口统计数
据，截至 2008 年年中，圣保罗都市区人口达到 2 000 万，而里约热内卢的居民也

---

① IBGE, as of September 2009.
② IBGE, population estimations for mid-2008, as of June 2009.

超过1 150万。

巴西的城市化格局和美国相比，有一些相似之处（见图表5.13）。两个国家都有少数几个一线城市，也有为数众多的二、三线城市。这些二、三线城市对于国际机构投资者而言，是极具潜力的投资目的地。

图表5.13 **美国和巴西城市体系比较**

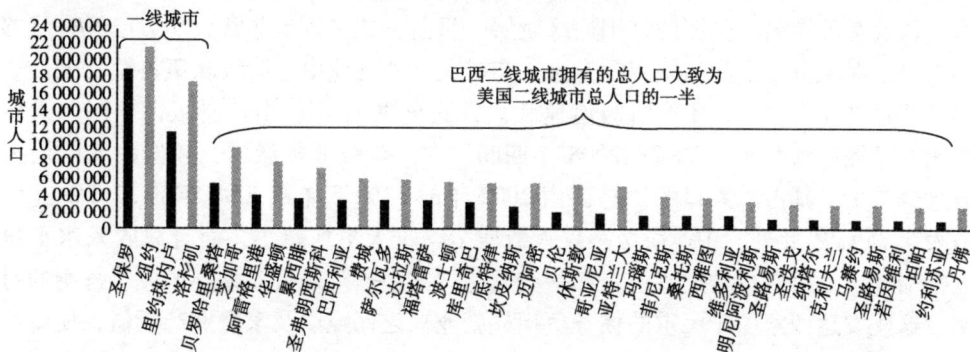

资料来源：Moody's economy. com, citypopulation. com compiled from various sources, as of February 2008.

注：巴西城市为黑色，美国城市为灰色。

图表5.14将城市按其GDP规模排序。从表中可以看出，在最富裕的城市中，服务业对经济的贡献度最大。其实，此处圣保罗和里约热内卢的经济总量还是被低估了，这些特大城市和其周边城市可以一起构成大都市区，这会明显增强整个大都市区的经济实力。例如，相对较大并且富裕的巴鲁埃里、瓜鲁柳斯、圣贝尔纳多杜坎普和奥萨斯库等都位于圣保罗周边，一起构成圣保罗大都市区。

图表5.14 **巴西城市GDP排名**

2006年排名	2005年排名	城市	州	GDP（千美元）	% 服务	GDP pc（美元）
1	1	圣保罗	圣保罗	129 751 755	64%	11 778
2	2	里约热内卢	里约热内卢	58 696 794	66%	9 565
3	3	巴西利亚	联邦直辖区	41 115 672	83%	17 248
4	5	贝洛哈里桑塔	米纳斯吉拉斯	15 011 978	69%	6 255
5	4	库里奇巴	巴拉那	14 749 562	64%	8 247
6	7	玛瑙斯	亚马逊	14 640 821	38%	8 671
7	6	阿雷格里港	南里奥格兰德	13 814 997	70%	9 587
8	10	瓜鲁柳斯	圣保罗	11 772 612	56%	9 174
9	8	巴鲁埃里	圣保罗	11 690 022	69%	44 022
10	9	萨尔瓦多	巴伊亚	11 042 639	65%	4 069
11	11	坎皮纳斯	圣保罗	10 837 337	55%	10 230
12	16	坎普斯·多斯·戈伊塔加泽斯	里约热内卢	10 603 336	15%	24 678
13	15	卡希亚斯公爵城	里约热内卢	10 351 284	52%	12 107
14	12	福塔雷萨	塞阿拉	10 338 639	67%	4 278
15	13	圣贝尔纳多杜坎普	圣保罗	9 436 952	46%	11 739

资料来源：IBGE, ING Real Estate Research & Strategy, as of January 2009. Data as of end 2006. 1USD=2.18BRA.

注："% 服务"指的是服务业产值占GDP的比重，"GDP pc（美元）"指的是以美元计价的人均GDP。

8）收入

收入不均是巴西社会的一大诟病，而且已经困扰巴西长达几个世纪之久。基尼系数是一个衡量一国收入分配不公平的统计指标，而巴西是世界上基尼系数最高的国家之一。但积极的一面是当局已经采取大量措施改善财富分配不均的状况。有益于全体居民的广泛政策调整已经与政策干预相结合，这些政策干预的目标是最贫困阶层以及有可能陷入贫困的贫困边缘阶层。目前，这些政策非常成功，已经有足够的力量来保证贫富之间的差距没有进一步扩大，并且使中产阶级队伍持续壮大。

在过去几年当中，中产阶级迅速壮大，截至 2009 年，中产阶级占全国总人口的比重已经达到 52%。2002—2008 年期间，中产阶级人数激增，较低收入阶层人数大幅减少，其占总人口的比重已由 2002 年的 43% 下降到 2008 年的 32.5%（见图表 5.15）。[①] 此外，中产阶级不仅人数增多，收入不均减小，而且总收入水平也大幅增加。巴西取得的这些进步和一些发达国家中产阶级日益缩小形成了鲜明的对比。这些发达国家由于沉重的债务负担，就业缺乏保障以及家庭资产贬值，使得房地产需求低迷。

图表 5.15　　　　　　　　　收入分配

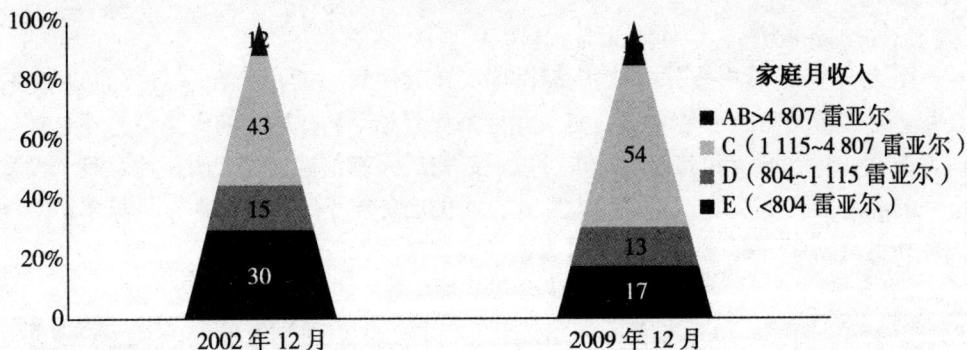

家庭月收入
- AB>4 807 雷亚尔
- C（1 115~4 807 雷亚尔）
- D（804~1 115 雷亚尔）
- E（<804 雷亚尔）

资料来源：Getulio Vargas Foundation, as published in Epoca, ING Real Estate Research & Strategy, as of February 18, 2009.

相对于全国的家庭收入分配，地处巴西南部和东南部的各州和大都市区以及地处中西部的首都巴西利亚（联邦直辖区）的家庭收入要远远高于最低工资水平。[②] 根据巴西统计局（IBGE）的统计数据，北部和东北部各州的收入要低于最低工资水平。这些区域间的差异非常明显，这也表明在南部和东南部各州和大城市的投资更引人注目。

衡量巴西家庭的购买力有两个重要指标，分别是：（1）个人信用和信用违约率；（2）汽车销售。这两个指标在世界其他地区已经被证实是对经济衰退敏感的指标。

由于家庭收入强劲的增长以及信贷更为广泛的使用，21 世纪前 10 年的中期，巴西汽车销售量取得令人瞩目的增长。由于燃油价格相对低廉，所有城市都面临巨大的交通压力，实际家庭收入因收入倍增计划而快速增长，因此巴西国内汽车销售

[①] Getulio Vargas Foundation, 2008.
[②] 2008 年 10 月 14 日最低工资水平提高至 415 雷亚尔（约合 200 美元），2009 年 1 月为 465 雷亚尔。2009 年的增长没有计入统计。

量的增长也就显得合情合理了。与此同时，巴西汽车的生产量和出口量也双双打破历史纪录。但是，在2008年最后几个月，汽车销售量陡然下降，究其原因，部分是因为国外需求减少，部分是因为国内经济前景暗淡且就业率首次出现下滑。

巴西个人信贷余额的规模已由2007年7月的9 300万雷亚尔增至2009年5月的1.4亿雷亚尔。自2007年7月以来，贷款逾期率（包括超过15天的延期付款）几乎没什么变化（见图表5.16）。商业部门的数据显示，贷款逾期率虽略有上升，但仍处于3.9%的较低水平，我们认为（连同贷款规模的上升和利率的下降）信贷市场正在增强。

图表 5.16　　　　　　　　　　**巴西个人贷款逾期率**

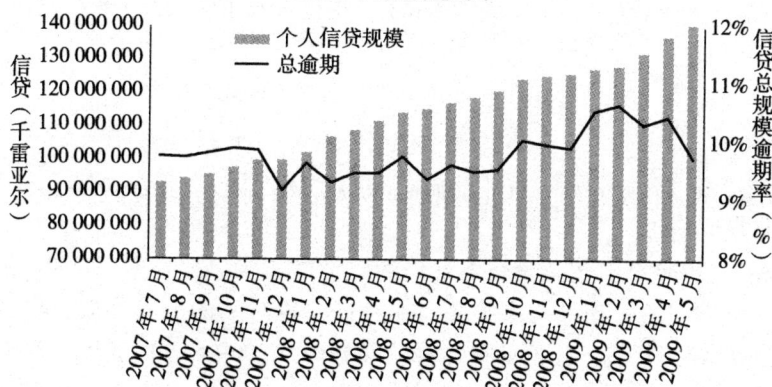

资料来源：Banco Central do Brasil and ACREFI（Associacao Nacional das Instituicos de Credito，Financimento e Investimento），as of September 30, 2009.

9）就业

在过去几年里，巴西经济流动人口迅速增长，给人留下深刻的印象（见图表5.17），巴西主要城市的失业率持续下滑（见图表5.18）。这与大多数其他G20国家在2009年底居高不下并仍不断上升的失业率形成了鲜明的对比。巴西经济创造了大量的就业机会，其失业率开始下降。

图表 5.17　　　　　　　　　　**巴西城市经济流动人口**

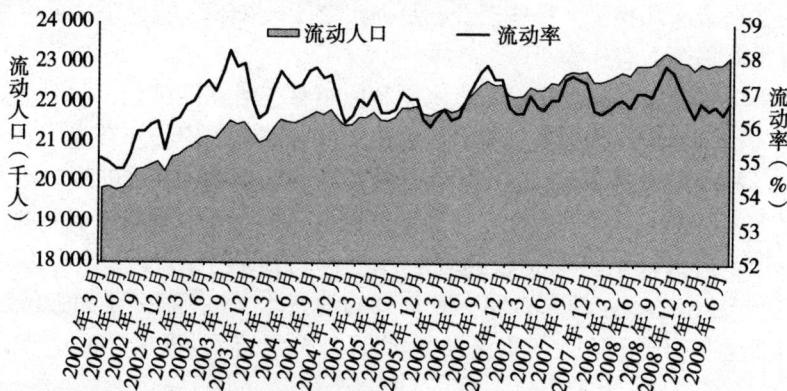

资料来源：IBGE, ING Real Estate Research & Strategy, as of September 30, 2009. 数据截至2009年7月。"数据"是指巴西六个最大的城市区：圣保罗、里约热内卢、贝洛哈里桑塔、阿雷格里港、萨尔瓦多和累西腓。

图表 5.18   巴西城市失业率

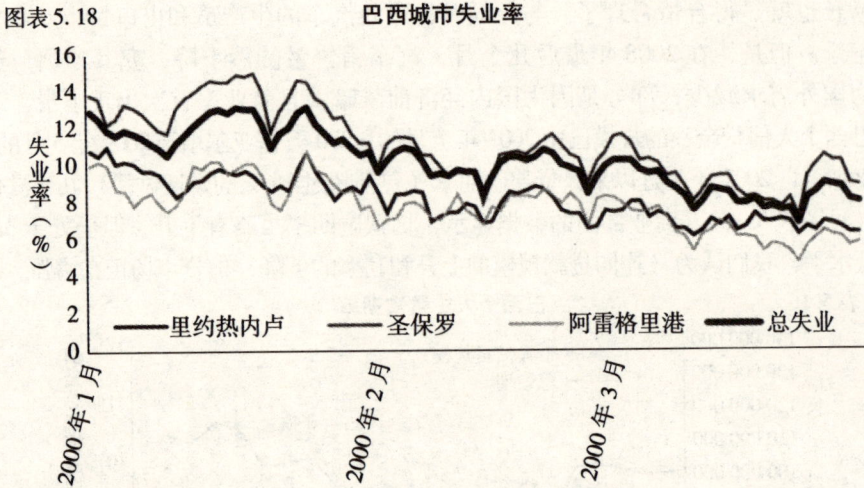

资料来源：IBGE (SIDRA)，ING Real Estate Research & Strategy，as of September 15，2009. 数据截至 2009 年 7 月。

从 2003—2007 年，巴西经济各部门的经济增长为巴西创造了 220 万个就业岗位。[①] 巴西大城市的劳动参与率很高，在经过一段时间的上涨之后，在 2008 年一直处于相对稳定的状态。巴西的平均劳动参与率在 2009 年 7 月是 56.7%。[②]

5.3 房地产市场

巴西可以被定型为一个成长型的市场。在这个市场上，有足够的创新和建立市场份额的机会。许多策略的内在回报都很高。巴西展现出巨大的机遇，但在市场策略、定位和时机上都存在着许多风险。

销售型住宅行业近年来趋于繁荣，并且由于供不应求，该产业仍会持续健康发展。由于巴西人参与租赁市场的倾向不强，因此大规模开发销售型住宅将会持续。我们认为，在未来几年里，那些把开发目标定位于一线和二线城市次级市场的较好地段的开发商仍会大有作为。[③]

工业部门主要由自用业主控制。定制和回租存在潜在的机会，特别是信誉良好的承租人为楼宇管理外包提供了机会。巴西全国都在大规模的开发或计划开发诸如港口、机场和环形公路等基础设施。在与这种新的基础设施相关的战略地点开发配送设施是非常必要的。尽管由于全球经济衰退引起了对外贸易的短期下滑，但是一旦下滑结束，进出口仍将保持快速增长。考虑到预期中的日益增长的进口规模（部分是由于越来越富裕的人口和不断提高的消费水平），有必要加强位于主要人口中心和重大基础设施附近的物流设施建设以很好地满足需求。2007 年，圣保罗

① IBGE，Pesquisa Mensal de Emprego. 该数据仅包括 2003 年 12 月至 2007 年 12 月就业劳动率人数的变动。
② IBGE，as of September 2009.
③ 特别是考虑到给予住宅业主高度支持的非常良好的政治和金融环境。

工业物业租金增长率是 30%（当年世界排名第 6）；2008 年，里约热内卢是 46%（当年世界最高的租金增长率）。2009 年，由于经济衰退导致需求减少，租金增长率与这些强劲的增长率相比有所放缓，但高档物业仍然短缺。

写字楼市场上，强劲的租金增长率和资本升值是 2006—2008 年主要市场的一大特色。全球经济衰退在短期抑制了租金增长率和资本升值，但是圣保罗的租金仍保持稳定。各次级市场的供求因素差异非常大，必须予以密切关注。我们预期由于经济减速而降低的吸收率能够连同服务部门增长率的复苏而上升。当前，里约热内卢和圣保罗的空置率还处于相对比较低的水平，但将缓慢上升，租金增长率也比过去几年更为平稳。然而，相对于世界水平，巴西的写字楼占用成本还是比较低廉的。承租人资信良好的优质物业在中长期将会保持良好业绩。翻修的建筑特别是在高度受限的过时产品供给的市场上可能大有作为。可以通过合作开发和改进的策略进入这个市场。对于欧洲和北美的跨国承租人（在其本土需要考虑环境因素）来说，由于巴西当前的"环保"建筑还比较少，因此要入住"环保"建筑需要支付额外的费用。

尽管在 2009 年头几个月有所下滑，但巴西零售业的信心和销售量与世界其他主要市场相比仍将强劲增长。考虑到消费者的平均购买力，巴西的综合购物中心普及率（人均租用面积）还比较低。相对于其规模和财富水平而言，那些现代购物中心普及率较低的直辖区和州通过与当地合作者建立合资企业参与开发。此外，中产阶级日益壮大并且更为富有，这有助于扩大购物中心的消费者基础。定位于杂货连锁店或百货商店的小型购物中心在二线城市或更小城市将有上佳表现，但目前服务水平仍很低。我们相信，随着中产阶层的持续壮大和住宅建设的繁荣，位于人口增长迅速并且配备适当出租服务的新兴住宅附近的购物中心将表现良好。

5.3.1　房地产市场的特点

市场增长率很高并且具有可持续性。投资虽然主要集中于里约热内卢和圣保罗的一线市场，但是二线市场也呈现出令人瞩目的发展态势。正是全球和当地强劲的需求支撑着巴西经济的增长。GDP 增长率、收入、人口、城市化、对高质量产品的需求以及其他方面都非常强劲，并将持续刺激房地产市场的发展。

5.3.2　行业潜力

巴西房地产行业潜力巨大。一线和二线市场以可观的速度快速扩张。巴西是农业、商业和工业巨头。巴西在这三个领域内的增长为住宅（销售型、酒店式公寓和租赁型）、写字楼（CBD 和 R&D）、零售物业（购物中心、功能中心和商店）、酒店（豪华型和商务型）及工业物业（特别是在港口的仓库和物流）等各种房地产创造了巨大的需求，在庞大的基数上还保持了两位数的 GDP 增长率，而它的这种增长主要集中于大城市。

5.3.3 产品线的广度

巴西的产品线仍在发展，但有些完全不存在。许多不同种类的房地产产品的需求都受到抑制。由于中产阶级不断增加的财富和对质量的追求，豪华和中档的产品类别存在巨大的潜力。对经济适用房的需求也很大。

5.3.4 竞争者的数量和质量

尽管机构投资者在过去10年里获得的利润不断增加，但竞争并不激烈，竞争的程度也参差不齐。大多数新公司是受到房地产开发的高回报和感受到房地产开发的魅力所吸引。这类公司中的大多数效率低下，缺乏实践经验，生产的产品质量可疑。区域性和全国性的公司很少。许多公司都是相对经验不足并且大多数员工的房地产行业经验很有限。

5.3.5 进出市场的难易程度

相比于其他新兴市场国家，巴西市场的进出相对容易。但是，要想进入像巴西这样规模巨大、形势复杂的国家必须周密计划。巴西市场并不完全透明。它是一个以关系为基础的市场。要想在全国进行重要投资，就要妥善处理好同合作伙伴、当地政府、地区政府甚至中央政府的关系。请记住，一着不慎，满盘皆输。

5.3.6 技术和生产力

一般而言，巴西的建筑技术和生产力仅仅略低于世界水平。但是，从总体上来说，巴西的房地产和建筑行业的技术缺乏效率，导致其产品低于甲级水平。圣保罗和里约热内卢试图拥有最好的开发商和建筑能力，因此正在吸引大量来自外国的投资者和开发商。

5.4 物业类别

5.4.1 写字楼

巴西经济总体扩张推动了对写字楼的需求（见图表5.19）。最近几年，巴西经济的蓬勃发展带来了对金融和商业服务部门的强劲需求。会计、咨询、保险、法律和其他商业服务都从制造业、农业、和采矿业的增长中获益。越来越多的跨国公司和本国公司都加入这一行列。2008年和2009年的全球事件使得投资者对这类扩张计划更为谨慎。但是在2009年的下半年（正如前面各章所述），随着信心的恢复、更为宽松的货币政策以及巴西总体经济情况好转，就业人数得以提高，预计在2010年主要的写字楼市场可能会有更大的发展空间。

图表 5.19		写字楼市场概览		
市场因素	市场特征	推动力	未来趋势	商业机会
新开发项目的需求	对写字楼有强劲的需求，特别是在主要城市	城市人口和服务业快速增长，白领就业正在扩大	随着市场日益成熟，需求很可能增加得更强烈	在一线市场上，甲级先进技术水平的写字楼的需求上升
新开发项目的供给	集中于一线市场，设计和质量正在改进	宏观趋势包括人口增长、城市化以及商品需求的增长，这些拉动了 GDP 的强劲增长	可扩展性开发的概念仍在继续，到全球衰退结束前，投资性开发会受到限制	虽然二线市场也存在投资机会，但是机构投资者将集中于圣保罗和里约热内卢的一线市场
投 资 市 场支持	机构投资者的兴趣在增加，包括越来越多的国家投资机构	大部分资本流动来自传统的固定收益投资	相对于资产投资，将逐渐走向实体投资	引导美国固定收益投资投向更高的核心收益率。写字楼的需求比美国和外国市场更强劲。
债务市场	近些年债务的可利用性受到限制，并且成本高于更发达的国家	利率高于许多成熟市场	FDI 的扩张也可能带来新的债券提供者	利用低成本的美国和国际债务

　　直到全球金融危机之前，巴西的金融部门一直迅速增长。虽然相对于更为发达的经济体，信贷发挥的作用相对较小，但是在更为宽松的信贷条件下银行业活动一直繁荣。2006 年和 2007 年股票的强劲势头也刺激了写字楼占用率的上升。根据世界交易所联盟（World Federation of Exchange）提供的数据，我们可以看出，2006年 12 月—2007 年 12 月，圣保罗证券交易所在全世界国内市场资本化程度排名中居于第 6，资本化程度超过 90%。[①] 根据世界交易所联盟的数据，巴西在市场指数排名上居世界第 9 位（当地货币计值，2006—2007 年的百分比变动），大约达到44% 的增长率。与世界大多数市场一样（比其他"金砖"国家主要指数的表现更好），2008 年这一数字变为负数，以当地货币计值的巴西股票交易量下降了 44%。在 2009 年这一趋势发生了改变，BOVESPA 指数从年初至今强劲反弹，实现了正收益。

　　在过去几年中，白领的就业率占总就业的比例一直在增长，从 2002 年第一季度的 12% 到 2009 年中期的大约 15%（IBGE，2009 年 6 月）。尽管最近几个月经济下滑，但是白领就业的比例却一直保持稳定，这显示出"商业"部门受近期危机的冲击较小。巴西企业部门扩张的一个明显指标是本国公司进入"福布斯全球2 000 强"的数量，它们是全世界市场价值最高的 2 000 家公司。从图表 5.20 可以

---

　　① 在这一时期以更快速度发展的少数几个交易所是中国的上海证券交易所和深圳证券交易所、印度的孟买证券交易所和新德里证券交易所以及卢森堡证券交易所（以美元计价的增长率）。

看出，在 2003 年仅有 13 家巴西公司登上这一榜单。但是到 2008 年，上榜公司就达到了 34 家。虽然这些公司涉及了一系列行业，但是为了在国内和全球市场进行竞争，它们都入住了写字楼空间，而且还需要相关的金融和商务服务。

图表 5.20　　　　　　　福布斯全球公司 2 000 强中的巴西公司

2010 年排名	公司名称	行业	资产（10 亿美元）	市场价值（10 亿美元）
18	Petrobras–Petróleo Brasil	油气开采业	198.26	190.34
51	Banco Bradesco	银行业	281.4	54.5
52	Banco do Brasil	银行业	406.46	42.78
80	Vale	材料业	100.81	145.14
82	Itaúsa	多行业	342.63	28.74
235	Eletrobras	公用事业	58	15.95
478	CSN–Cia Siderurgica	材料业	16.74	25.3
620	Usiminas	材料业	14.78	14.26
658	Tele Norte Leste	电信服务	16.73	7.99
698	JBS	食品饮料烟草业	24.37	12.18
701	CBD–Brasil Distribuicao	食品市场	10.33	9.54
732	Metalurgica Gerdau	材料业	26.23	7.42
782	Cemig	公用事业	10.44	9.25
864	CPFL Energia	公用事业	7.02	10.16
919	Braskem	化工业	12.68	3.58
930	BM&F Bovespa	综合金融	12.17	13.17
942	Redecard	商业服务和供应	10.01	10.2
953	BRF–Brasil Foods	食品饮料烟草业	14.76	10.75
980	Fibria Celulose	材料业	16.25	8.72
1102	Cielo	商业服务和供应	1.61	11.03
1190	Ultrapar Participacoes	油气开采业	6.37	3.87
1316	Sabesp–Saneamento Basico	公用事业	11.61	3.89
1335	Bradespar	综合金融	5.08	7.67
1380	CCR	运输业	5.22	9.31
1399	Natura Cosmeticos	家庭和个人用品	1.57	8.22
1432	Banrisul	银行业	16.41	3.38
1461	OGX	油气开采业	4.18	29.3
1472	Copel	公用事业	5.51	5.66
1486	Embraer	航空和国防业	9.04	3.96
1648	WEG	资本货物	2.49	6.04
1680	Net Servicos	传媒业	4.78	4.31
1705	Fosfertil	化工业	1.79	4.81
1813	Sul America	保险业	7.14	2.47

资料来源：Forbes, April 21, 2010.

注：福布斯 2 000 强排行榜是指根据销售、利润、资产以及市场价值的综合得分排出的全球最大的 2 000 家公司。

到目前为止，圣保罗是国内规模最大的写字楼市场；圣保罗大都市区的写字楼市场（金融、地产和其他写字楼服务）提供了近 150 万个就业岗位，占全国总量的近 45%。[①] 这就牢固地确立了圣保罗作为全国商业中心的地位，并且跻身世界金融中心前 20 名。里约热内卢大都市区紧随其后，提供了大约 80 万个写字楼市场的就业岗位。圣保罗和里约热内卢都有许多各具特点的写字楼次级市场（下面将提到的）。在这一点上，这两个城市成为仅有的具有足够规模的写字楼市场，从而吸引了大多数国际机构投资者的兴趣。

写字楼市场次之的二线城市包括贝洛哈里桑塔、库里奇巴和阿雷格里港。贝洛哈里桑塔是这 3 个城市中写字楼市场就业规模最大的城市，截至 2009 年 5 月，超过 33 万。严格的金融服务领域的雇员占据了相对很小的份额（每个城市在 2 万 ~ 2.5 万之间）。[②] 由于公共部门的就业在其服务业中占主导地位，所以巴西利亚是巴西的一个独特的市场。在上述的一线和二线城市，公共部门就业人数占服务业就业总数的 13% 以下。[③] 但是作为巴西的首都，巴西利亚这一比例超过 49%。尽管如此，这里还有大约 3.3 万名金融服务的雇员，虽然大多数在写字楼的劳动力是由政府雇用的，并且是在政府所有的建筑中。因此，虽然巴西利亚是巴西 GDP、服务业和金融雇员规模第三大的城市，但是它是一个特例，因为联邦政府职能的重要影响集中于此。由于大多数政府部门倾向于拥有它们所在的建筑，因此巴西利亚的投资机会对国际投资者而言，并没有像圣保罗和里约热内卢等更深层次和更高级别的市场那样具有吸引力。

在巴西，从 2003 年开始，随着经济的发展和投资活动的增加，写字楼的收益率经历了显著持续的压缩。而且从中期到长期来看，预计会出现进一步的压缩，特别是如果巴西如我们所预计的那样保持在 2008 年所取得的投资级地位。

5.4.2 零售物业

巴西最早的一批购物中心建于 20 世纪 60 年代，位于大城市。购物中心开发的浪潮发生在 20 世纪 90 年代，现在购物中心的零售交易份额已经接近 20%。根据国家零售组织的数据，截至 2009 年 6 月，巴西共建有 385 座购物中心。[④] 在 10 年前，购物中心只有大约 150 座。这一数字远远低于墨西哥——那里的人口仅是巴西人口的一半略多一点，却有着超过 1 000 家购物中心。预计未来的几年中，将会进行大量的新建以及产权的合并。我们认为，有利的社会人口趋势显示出需求方的基础非常坚实，并且由于购物中心的租赁违约率和空置率都在 2% 左右，这一物业类别似乎处于有利地位（见图表 5.21）。

---

① IBGE data, as of June 2009, enterprise survey of 2006.
② Ibid.
③ 根据最新的 IBGE 数据，圣保罗为 6%，库里奇巴为 7%，阿雷格里港为 9%，贝洛哈里桑塔为 11%，里约热内卢为 13%，根据市政府 2006 年数据库。
④ 被称为 ABRASCE（巴西购物中心协会）。

图表 5. 21   零售物业市场概览

市场因素	市场特征	推动力	未来趋势	商业机会
新开发项目的需求	遍布一线和二线城市的零售购物中心迅速增长	由较高的工资水平和上涨的生产率推动的实际收入；消费者行为的改变。不断扩大的消费信贷	消费者自主性消费的增加	更大的国际级购物中心和生活体验中心正在扩张。这是细分市场的机会，有助于提升购物体验和购物中心设计的品质
新开发项目的供给	主要在一线城市，并正在向二线城市扩张	扩大的中产阶级和上升的家庭收入。相对于其他新兴市场，零售物业供给较少	购物中心空间似乎出现整合。在市场上出现全国和国际投资者	在一线市场的核心区域供给受限。更多的开发潜力在外缘地区和二线城市区域零售购物中心和社区杂货店以及邻里购物中心都有机会
投资市场支持	较短的项目周期和丰富的资本使现有参与者拥有优先运作的优势	购物中心的供给刺激了投资兴趣	随着新市场的开发，特别在二线和三级城市的开发，投资将继续流向这一类别	
债务市场	目前有大量的来自国内商业银行的信贷	不断增加的开发活动推动了建筑贷款	国际参与者的增加可能给市场带来更多的贷款人。随着通货膨胀压力的上升，利率很可能会上涨	如果巴西政府和国内银行压缩贷款，机会就是存在的

由于近期的经济下滑，增长的步伐有所减速，但是在过去的 10 年，巴西零售销售额增长迅猛（见图表 5. 22）。经济的恢复迅速、强烈，并且主要依赖于私人消费，但是由于当前的全球环境需要更为谨慎，所以我们希望巴西能够逐步回归适度的零售业扩张计划并保持一个相对于过去几年高速增长率而言较低的增长率水平。

图表 5. 22   巴西零售销售指数增长率（2003 年=100）

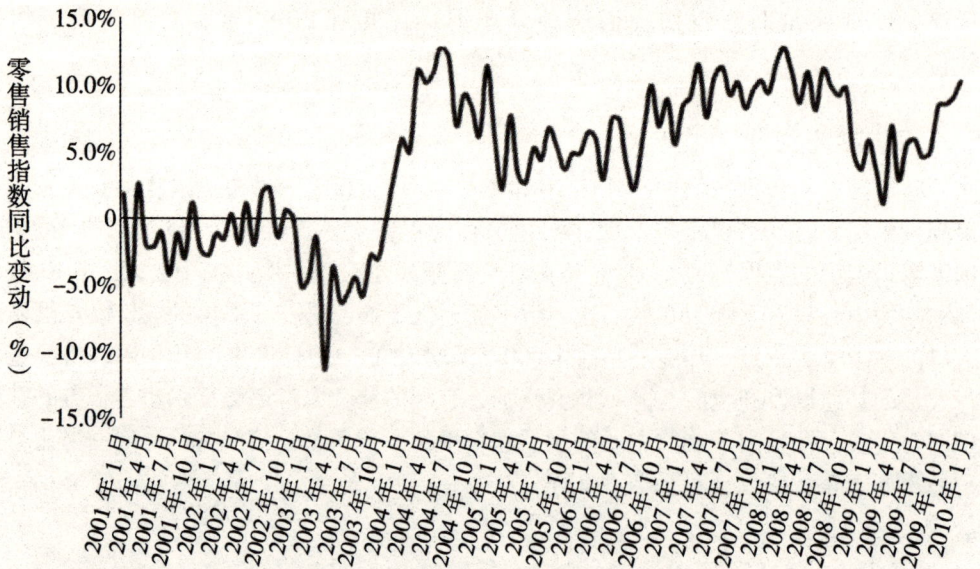

资料来源：Thomson Financial Datastream/IBGE；ING Real Estate Research & Strategy. Data up to August 2009, as of October 2009.

根据零售信心调查的上扬结果，在 2008 年的大部分时间里巴西零售业销售的强劲和快速恢复是意料之中的。除了供求失衡的地区外，强劲的消费者信心指数预示着新建零售业态的租金上涨的好兆头。从图表 5.23 可以看出，在 2008 年的最后几个月，巴西的指数下滑，但随即又快速且强劲地恢复了，领先于其他入选的美洲国家和 OECD 国家，达到了接近 2005 年和 2008 年初高点的水平。

图表 5.23　　　　　　　巴西零售消费者信心

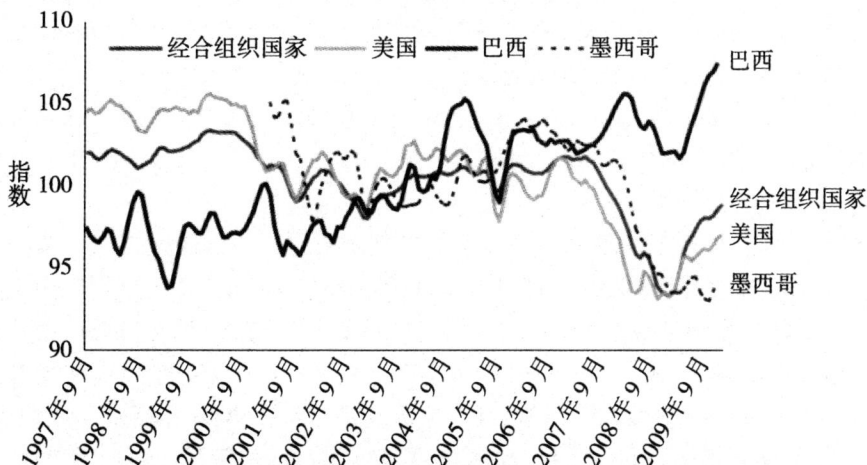

资料来源：Thomson Financial Datastream；Organization for Economic Cooperation and Development（OECD）；ING Real Estate Real Estate Research & Strategy，as of October 15，2009.

另外，热图柳瓦加斯大学公布了截至 2009 年 9 月的消费者信心数据，当前和未来经济状况的指数显示出了积极的发展趋势，与 4 月的最低点相差甚远，非常接近一年前的水平。

在大多数类别和大多数州，销售都是很旺盛的。图表 5.24 显示出截至 2009 年 8 月，根据产品分类的零售销售额增长状况，食品和饮料以及超市销售增长率为 7%，明显超过前几个月。图书和文具以及其他个人护理品则分别增长了 9% 和 12%，但是包括计算机和通信工具在内的办公设备的零售销售仍是去年零售行业中业绩最好的类别。这一类别在 2008 年 8 月—2009 年 8 月期间，累计销售增长了 13%。

图表 5.24　　　分行业零售销售同比增长率（2008 年 8 月—2009 年 8 月）

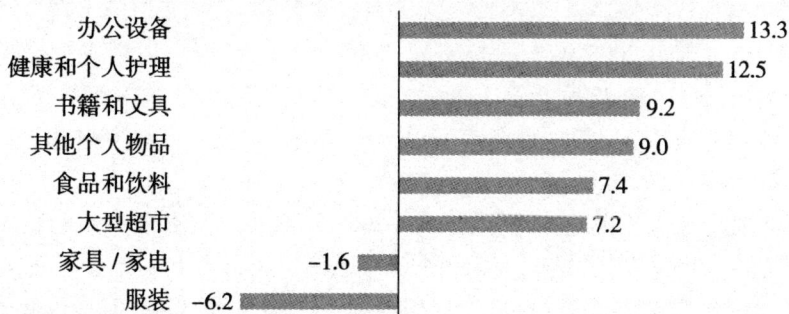

资料来源：Thomson Financial Datastream/IBGE；ING Real Estate Research & Strategy，as of October 15，2009.

注：图表中的数据是百分比增长率。

从 2003 年年底开始，几乎每个月度，超市零售销售指数的同比变动都是正的，并且近期绝大部分对这一指数的解读都认为这一趋势将继续。巴西零售业中的主要超市包括以下几家：

■ 家乐福。这家法国的连锁企业自从 2007 年初收购了当地连锁企业 Atacadao 后，一直是巴西排名第一的连锁超市。这家连锁企业在全国经营着 34 家折扣综合大型超市（其中 17 家位于圣保罗州），此后除了其他零售模式组合外，将综合大型超市总数扩大到 109 家。未来的扩张计划包括在 2009 年新建 70 家商场，并且在 2009—2010 年度投资 10 亿巴西雷亚尔。

■ Pao de Acucar（"糖面包山"）。这家连锁企业在巴西至少有 551 家商场，其中 496 家是食品零售超市/综合大型超市；其余的出售家居用品。近些年，圣保罗州在这家超市的净销售额中占了一半以上。

■ 沃尔玛。2004 年，沃尔玛收购了位于巴西东北部的当地连锁超市 Bompreco 的 116 家门店。它接下来收购的是 Nacionale 和 Mercadorama，它们分别是南里奥格兰德和巴拉那的连锁巨头。2008 年 1 月，沃尔玛公布的在巴西的积极扩张计划就是这一观点的显示。2007 年，公司宣布它有意在 2008 年以多种模式在全国投资 6.49 亿美元，主要针对低收入消费者。[1] 这家连锁超市在 2008 年增加了大约 40 家门店，在 2009 年年初，它已经在全国拥有了 345 家门店。扩张计划包括 2009 年在巴西投资 16 亿雷亚尔，新建 90 家商场。这一计划是在危机之前筹划的，而且现在一直在保留中。（Associacao Brasileira de Shopping Centers［ABRASCE］，June 9，2009，"ignoram crise e investem"）。

■ Lojas Americanas 和 Sonda Supermercados 是主要的本国参与者。区域性的参与者也有扩张计划，虽然规模要小得多：例如，Condor（帕拉纳第一家连锁超市）的投资计划是至少新开 4 家门店，投资 8 000 万雷亚尔（ABRASCE，June 9，1009，"ignoram crise e investem"）。

实际收入的良好增长和信贷的快速扩张推动了零售业销售的快速增长和强劲的消费信心。在巴西，流通中的信用卡数量自 2000 年起一直在增长，但是自 2007 年增长率开始出现放缓趋势。截至 2009 年 8 月，大约有 1.32 亿信用卡在流通（超过 2008 年底 7%，超过 2008 年 8 月 13%）。2008 年交易总值出现增速放缓（仍保持近 20% 的增长率），在 2009 年第 1 季度，似乎略有恢复，在 2009 年 8 月实现 18% 的年增长率（见图表 5.25）。债务市场也经历了快速增长，特别是交易总值从 2008 年 8 月—2009 年 8 月增长了 21%。

圣保罗拥有最大的购物中心供给，到 2009 年 6 月，共有 130 家购物中心，占巴西总存量的 40% 左右（见图表 5.26）。考虑到巨大的存量，圣保罗的购物中心密度高于全国平均水平（每 1 000 个居民大约拥有 47 平方米），但是仍低于发达国

---

① Reuters, "Wal-Mart is to invest US $ 649 million in Brazil next year," November 27, 2007.

家的水平。① 例如，葡萄牙的密度为每 1 000 个居民 244 平方米，英国是每 1 000 个居民 267 平方米，西班牙是每 1 000 个居民 249 平方米，这些都高于巴西的水平，并且这些国家主要城市的密度通常还要更高。② 2008 年，美国全国平均的购物中心密度是每 1 000 个居民 606 平方米，包括社区和邻里中心，墨西哥的购物中心密度据估计大约是每 1 000 个居民 93 平方米。③

图表 5.25 **流通中的信用卡和交易增长率**

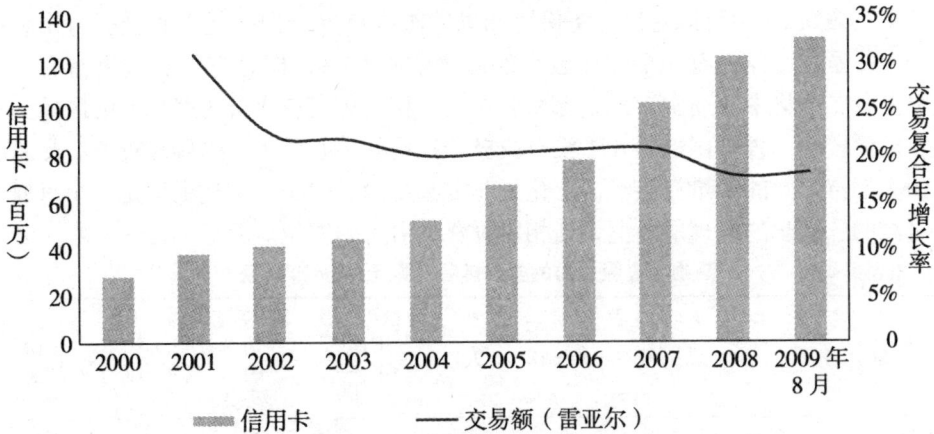

资料来源：ABECS, ING Real Estate Research & Strategy, as of October 15, 2009.

图表 5.26 **巴西购物中心可出租总面积（GLA）**

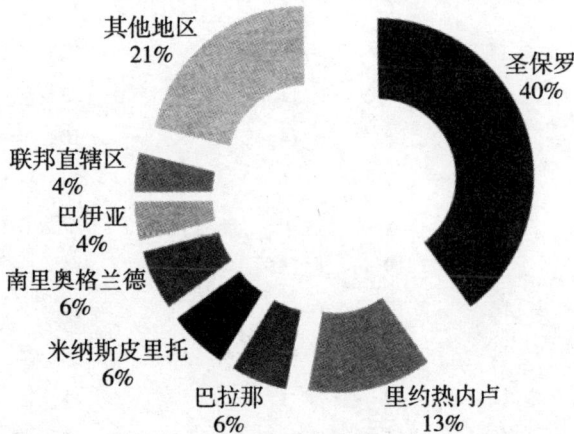

资料来源：ABRASCE, ING Real Estate Research & Strategy, as of September, 2009.

在未来几年，巴西新购物中心的施工规模相对而言比较庞大。一些项目是从 2009 年延期到 2010 年的，截至 2009 年 10 月，这些剩余总量连同下一年的共有 845 510 平方米。但是，考虑到当前较低的供给水平和人口增长，到 2010 年年底，巴西的购物中心密度也不会增长得很明显，会保持在每 1 000 个居民 50 平方米。

---

① Property Market Analysis（PMA）Winter 2008, City Markets.
② PMA Autumn 2008 Comparative Shopping Center Market Indicators.
③ 根据 120 500 000 平方米的总 GLA（CREA 2006），和 EIU 2008 年的人口数据计算。没有墨西哥的总 GLA 数据，这个数据是估计的。

圣保罗的这一数据将上升到每 1 000 个居民 91 平方米,与前面提到的国际水平相比仍然较低。

零售部门的快速增长应体现在较低的空置率以及租金和物业价值的上涨,特别是在现代购物中心。根据一项研究,2009 年 6 月租金增长最迅猛的 10 个地区中有 6 个在巴西(特别是圣保罗)。零售市场仍然高度分散,前 5 位的市场参与者拥有大约 30% 的市场份额,此外它们将外国集团作为战略合作伙伴进行合作。

从图表 5.27 中可以看出,圣保罗和里约热内卢上升到购物中心吸引力排名的前列——虽然已经拥有一个相对较高的购物中心 GLA,但是它们更大更富有。从逻辑上看,购物中心通常渗入到那些以更大、相对更富裕人群为客户群的区域。相反,规模较小、较贫困地区几乎没有或极少有购物中心渗入。强调在资产级交易区域的大都市之间的大量社会经济变化是非常必要的。但是,下述框架是一个重要的在更高的、初步的地理层面上评估相对投资吸引力的框架。

图表 5.27　　购物中心吸引力的各州排名(截至 2008 年年底)

联邦各州	总排名	人均 GDP	人口	GDP/ 平方米	SC 密度 (平方米/ 千户 居民)	SC GLA (平方米)	GDP (雷亚尔)
圣保罗	1	2	1	18	26	1	1
里约热内卢	2	3	3	19	25	2	2
南里奥格兰德	3	6	5	11	22	5	4
米纳斯吉拉斯	4	10	2	7	12	4	2
圣卡塔里纳	5	4	11	10	23	8	7
圣埃斯皮里托	6	5	14	2	10	16	11
巴拉那	7	7	6	17	24	3	5
联邦直辖区	8	1	20	16	27	6	8
亚马逊	9	9	15	6	15	15	14
戈亚斯	10	12	12	1	19	11	9
马托格罗索	11	8	19	13	20	13	15
巴伊亚	12	19	4	14	11	7	6
南马托格罗索	13	11	21	9	17	18	17
帕拉	14	22	9	3	5	17	13
伯南布哥	15	21	7	20	16	9	10
隆多尼亚	16	14	23	5	8	23	22
塞阿拉	17	23	8	22	13	10	12
马拉尼昂	18	26	10	1	4	21	16
托坎廷斯	19	17	24	8	9	24	24

续表

联邦各州	总排名	人均GDP	人口	GDP/平方米	SC密度（平方米/千户居民）	SC GLA（平方米）	GDP（雷亚尔）
罗赖马	20	13	27	27	3	27	27
塞尔希培	21	16	22	21	18	19	21
阿马帕	22	15	26	26	2	26	25
阿拉戈斯	23	25	16	4	6	22	20
北里奥格兰德	24	20	18	24	21	12	18
帕拉伊巴	25	24	13	23	14	14	19
阿克里	26	18	25	25	1	25	26
皮奥伊	27	27	17	12	7	20	23

资料来源：IBGE, ABRASCE, ING Real Estate Research & Strategy, as of February 2009.

注：指标的权重如下：人均GDP50%，人口25%，GDP/平方米7.5%，购物中心密度（平方米/千户居民）7.5%，购物中心GLA5%。排名第1价值最高，排名27价值最低，其中不包括SC密度，因为其排名相反（1是最低价值，27是最高价值）。

在图表5.28中的分析突出了购物中心密度（人均GLA）和潜在支出（用人均GDP代替）之间的潜在"不匹配"。它显示出，考虑到人均GDP，规模更小、更富有的南部和东南部各州，包括圣卡塔纳、南里奥格兰德、圣埃斯皮里托和马托格罗索对于更多的购物中心渗入是有潜力的。圣埃斯皮里托由于平均的人均GDP达到了15 235雷亚尔（估计值），并且每千户居民的购物中心GLA只有22.2平方米，因此更具吸引力。

图表5.28　　　　　　州级购物中心渗入和支出情况

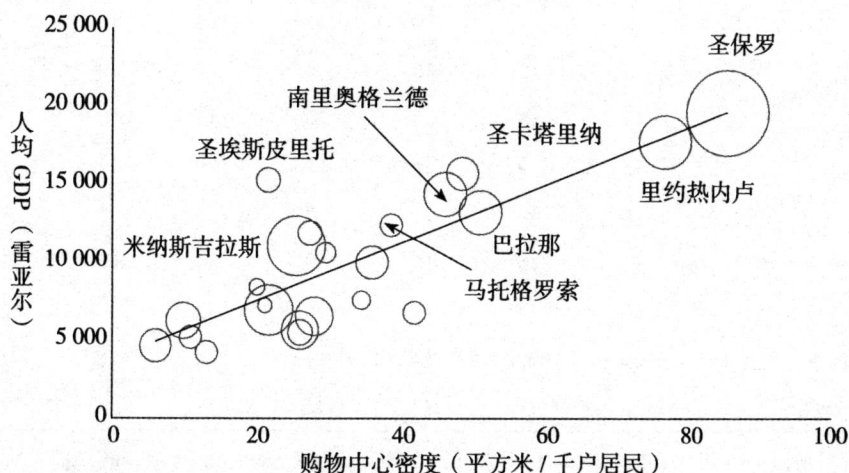

资料来源：IBGE, EIU, ABRASCE, ING Real Estate Research & Strategy, as of January 30, 2009. 气泡的大小表示截至2008年的人口规模。2008年人均GDP是根据2006年的数据和全国增长率估计出来的。2008年各州人口是根据2007年人口和2008年人口增长率计算出来的。

移至直辖区的下一级地理区划，图表 5.29 中的排名列出了主要各州的首府城市零售业的主要动力和特点，并且在图表 5.30 中可以发现对当前状况和人口之间不匹配的一般分析。巴西利亚，作为巴西最富裕的城市之一，在二线城市中规模稳定，但是出人意料的是根据购物中心 GLA 排名，仅列全国第 8 密集的直辖区。当然，这些数据必须认真考虑。例如：巴西利亚州显示出密度较高，它意味着可能一个集中的购物中心位于该城市范围之外。

图表 5.29　购物中心推动力的城市排名（仅限于首府城市，截至 2008 年年底）

首府城市	城市排名	人均 GDP	人口	GDP/平方米	SC 密度（平方米/千户居民）	SC GLA	GDP（雷亚尔）
圣保罗	1	2	1	6	16	1	1
巴西利亚	2	1	6	2	8	7	3
里约热内卢	3	4	2	8	15	2	2
玛瑙斯	4	5	8	1	5	13	6
阿雷格里港	5	3	10	14	20	4	7
贝洛哈里桑塔	6	8	5	9	10	6	4
库里奇巴	7	6	7	13	17	5	5
累西腓	8	11	9	10	7	9	10
哥亚尼亚	9	10	12	12	9	10	11
福塔雷萨	10	16	4	11	6	8	9
圣路易斯	11	12	13	3	1	19	13
弗洛里亚诺波利斯	12	7	20	15	18	16	17
大坎普	13	13	16	4	2	20	14
萨尔瓦多	14	18	3	20	19	17	14
库亚巴	15	9	18	17	19	12	16
贝伦	16	19	11	5	3	15	12
纳塔尔	17	15	15	19	14	11	15
阿拉卡茹	18	14	19	16	13	17	20
特雷西纳	19	20	14	7	4	18	18
若昂佩索阿	20	17	17	18	11	14	19

资料来源：IBGE, ABRASCE, ING Real Estate Research & Strategy, as of April 2008.

注：指标的权重如下：人均 GDP（美元）50%，人口 25%，GDP/人均/平方米 7.5%，购物中心密度（平方米/千户居民）7.5%，购物中心总可租面积（GLA）5%，GDP（雷亚尔）5%。表中的数字指的是排名，其中"1"是最具吸引力的排名。

图表 5.30

首府城市级购物中心渗入和支出情况

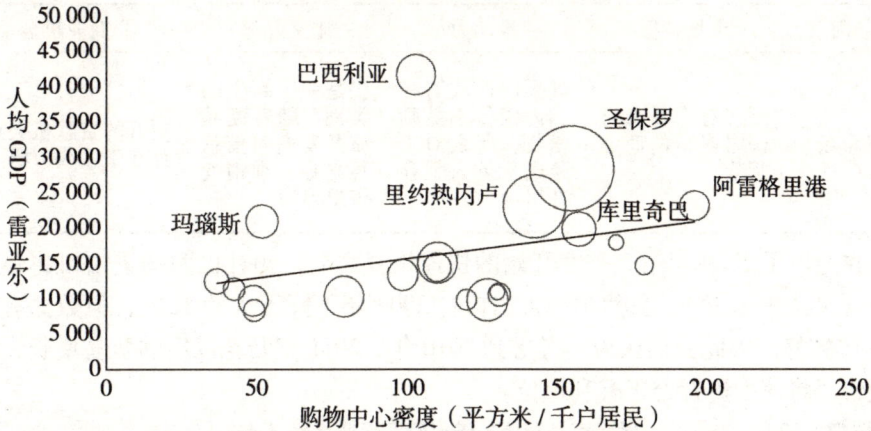

资料来源：IBGE, EIU, ABRASCE, ING Real Estate Research & Strategy, as of January 30, 2009. 气泡的大小表示截至 2008 年的人口规模。2008 年的人口和人均 GDP 是根据 EIU 的 2006 年数据和全国增长率估计出来的。

5.4.3　工业物业

近年来，物流行业被认为在巴西更具重要的战略性。这是随着制造业开发成为巴西经济的重要组成部分以及国内消费在新兴的现代零售类别中占主导地位而出现的。2008 年，工业类别在巴西 GDP 中占比大约为 29%（EIU，21 January 2009），并且长期趋势是这一类别在经济中的重要性继续增强，特别是鉴于政府政策鼓励附加值高的农产品和矿产品。从 2008 年 10 月开始，巴西没有躲过全球经济下滑的影响，开始时它影响的是行业信心和生产。但是，这一类别快速复苏，在危机开始之初的雷亚尔贬值为出口提供了支持（见图表 5.31）。

图表 5.31　　　　　　　　　　　**工业物业市场概览**

市场因素	市场特征	推动力	未来趋势	商业机会
新发展项目的需求	随着国家在商品、农业和工业制造业的持续扩张，需求很高	全球化，工业制造业和出口的增长	对新的投资级仓库和物流设施的需求强劲，特别是在主要港口的区域和主要人口中心的周围	一线市场周围适宜的土地供应受限，限制了开发机会；对于工业开发，二线和三线城市可能是更合适的选择
新开发项目的供给	供给主要集中在一线市场；二线市场正在获得更多关注	日益增长的需求，适宜土地的有限性推高了价格	更多的国内工业和物流业正在创造更多的对工业物业的需求	一线城市的市场已经开发得较为完备和充分，而二线市场提供了新的机会
投资市场支持	需求主要是一线市场的物业，但随着全球经济的扩张，二线市场的开发可能被拉动	巴西在农业和商品制造业处于领军地位；出口行业增长；国内需求强劲	考虑到巴西持续的经济开发，这应该是一个重要的投资类别	如果有更多的可投资资产和公司，那么更多的人会对这一类别的投资感兴趣

续表

市场因素	市场特征	推动力	未来趋势	商业机会
债务市场	现在有大量来自国内银行的商业贷款	如果巴西政府和国内银行不鼓励信贷，那么对于外国贷款人就存在机会	仍是一个新生的类别，随着高品质开发商对借款感兴趣，承销变得更容易	更好的贷款机会可能存在于二线市场

在经历了 2009 年第 2 季度开始的快速恢复之后，预计巴西的进出口将轻微地上涨（见图表 5.32）。虽然预计进出口在 2009 年下降了大约 10%，但数据有望在 2010 年转好。因此我们认为，考虑到 2010 年、2011 年乃至以后的贸易增长，进入工业市场将使投资者处于有利地位。

图表 5.32   **巴西商品和服务进出口实际增长率（%）**

年份 进出口	2008	2009F	2010F	2011F	2012F	2013F
出口	−0.7	−9.9	4.4	6.2	6.5	5.6
进口	17.8	−9.8	8.3	10.4	8.4	8.4

资料来源：EIU，ING Real Estate Research & Strategy，as of July 26，2010.

巴西大部分的工业产品都是进入国内市场，虽然出口很重要，但巴西是出口占 GDP 比率最低的世界主要国家之一。2008 年，出口占 GDP 的比例是 14.4%（墨西哥是 30.3%，中国是 38.8%，荷兰是 77.5%）。[①] 因此，巴西发展国际贸易的潜力巨大，使之在中长期发挥更重要的经济作用，然而在短期，其对出口较小的依赖可以屏蔽当前全球出口市场下滑的负面影响。

巴西的工业物业市场在整个南美洲都是相对落后的，这一类别的大多数设施都是业主自用的。大部分的物流设施与欧洲或北美的设施相比，规模小且技术含量低。虽然现代甲级建筑物的某些数据是可以变动的，但在圣保罗工业园区只有大约 1/4 的工业建筑区超过了 10 米，可以作为投资级物业的代用品。还必须强调一点，就是尽管巴西拥有巨大的国土面积（世界上面积第 5 大国），但是由于地形的限制，在接近人口最稠密的地区，进行物流业开发的土地非常稀缺，因此物流建设可能不会受到其他市场（如墨西哥）明显降低准入条件障碍的影响。

截至 2008 年，巴西工业产品增长稳定且强劲，但是全球的波动和世界需求的疲软已经对其产生影响，2009 年上半年就出现了负数据。在这一点上，这一趋势是个全球现象，而且在欧洲和亚洲的其他全球制造业枢纽也出现了更深入的工业产品下滑。最近，圣保罗和东北部地区出现了较高的月度增长率，

---

① Economist Intelligence Unit，January 2009.

超过了全国平均水平，而里约热内卢和米纳斯吉拉斯则出现了较低的增长率（见图表 5.33）。

图表 5.33　　　　　　　　**巴西的工业产品的增长（%）**

2009 年 8 月	圣保罗	里约热内卢	米纳斯吉拉斯	北部大区
月变动率（%）	3.4	0.6	1.2	6.7
年变动率（%）	−6.9	−2.8	−13.7	−4.8

资料来源：Central Bank of Brazil, BGE, ING Real Estate Research & Strategy, as of October 15, 2009.

在 2007 年年底，巴西企业家信心显示出了较高水平（见图表 5.34）。这一信心指数在 2008 年处于中等水平，在 2009 年 2 月直线下降，但是和其他市场一起，在 2009 年的第 2 季度开始反弹。巴西的工业信心在一段时期的低迷之后，保持在较高的水平，虽然在第 1 季度遭受了一个大幅下降，但这一下降在持久性和深度上都低于美国、墨西哥和 OECD 国家市场的下降幅度。

图表 5.34　　　　　　　　　**工业信心指数**

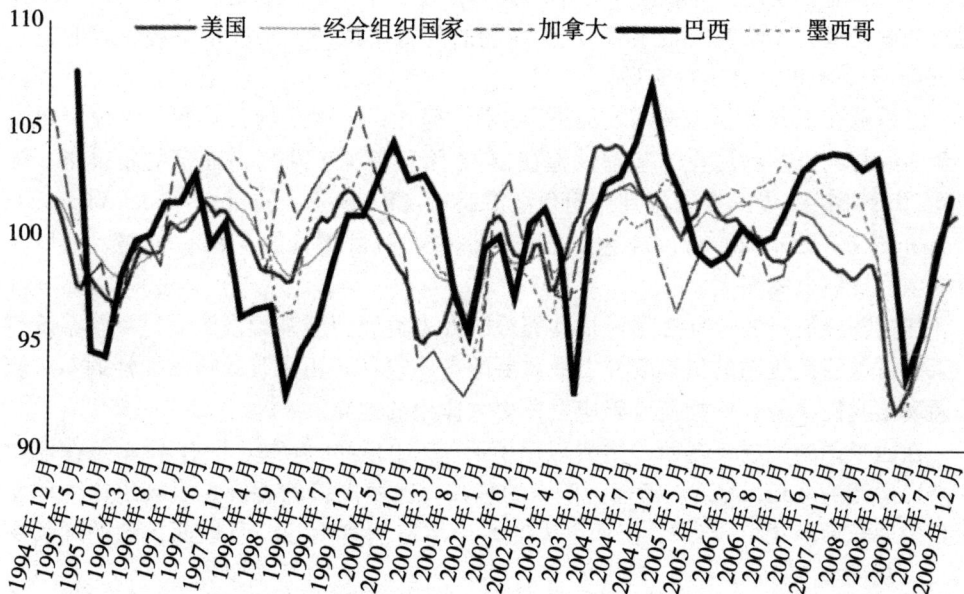

资料来源：Thomson Financial Datastream；Organization for Economic Cooperation and Development （OECD）；ING Real Estate Research & Strategy, as of October 15, 2009.

在 2008 年年底，巴西的工业收益率保持在相对较高的水平（12.75%），这意味着要高出巴西的其他部门以及世界上许多发达市场和新兴市场（见图表 5.35）。

图表 5.35　　　　**已选市场工业收益率（%）和趋势观测**

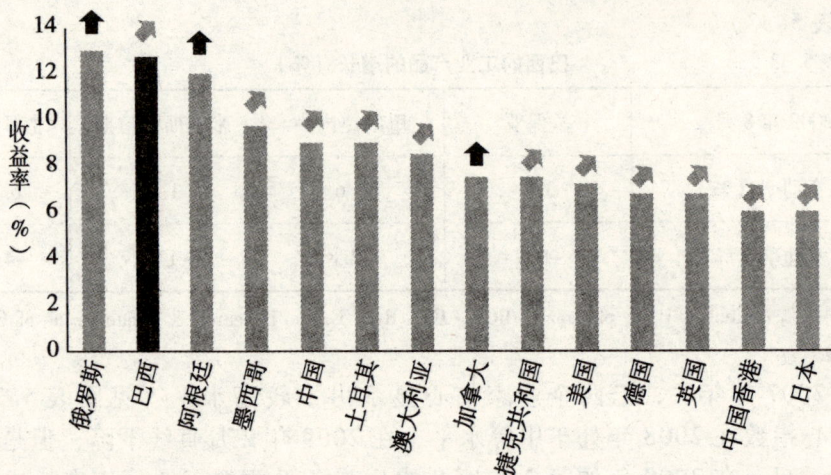

资料来源：CW International Investment Atlas summary 2009；ING Real Estate Research & Strategy, as of June 23, 2009.

注：俄罗斯、墨西哥、中国、土耳其和捷克共和国是总收益率。

从 2005 年开始，工业收益率就已经出现收缩，考虑到区域内投资兴趣的日益高涨以及当前较高的工业收益率水平，我们预计在中长期它将进一步收缩。对于其他的物业类型，2008 年年底和 2009 年年初的收益率持平，某些市场迹象表明它们在 2009 年上半年将会出现突破。

巴西现在正处于"加速增长的过程中"，据此，大规模的公共和私人投资定位于全国的新项目。物流业的基础设施在 2007 年获得了 130 亿雷亚尔的新投资，计划到 2010 年进一步的投资将到达 580 亿雷亚尔（Banco Nacional de Desenvolvimento Economico e Social, 2008）。高速公路和公路占了项目预算的 57%，铁路、港口和机场项目规模也相当大。

任何物流资产的选址必须评估其邻近的大小类似的新基础设施。这一新系统将使某些过时的低效率的位置废弃。最重要的是，它将开拓具有战略重要性的新区域并展现出我们认为现代物流设施应发挥更大作用的地点。

在西半球的美国—墨西哥边界以南所有港口的吞吐量中几乎有 42% 是在巴西的港口运载的（ECLAC）。考虑到庞大的基数，巴西港口的吞吐量表现出令人印象深刻的增长率。在 10 年中，巴西最大的 5 个港口的货物吞吐量以两位数的增长率增长（见图表 5.36）。[①]

近年来，巴西的机场在运送乘客和货物增长率方面都表现得非常突出。虽然在巴西，航空货物运输与港口运输相比增长率要平缓得多，但几个全国航空枢纽的改建和扩建计划将在未来几年突破目前的瓶颈。容量的限制阻碍了巴西主要机场的增长潜力。但是，这一问题已经被政府部门认识到，全国主要机场的升级和扩张正在

---

① 可以获得已更新的货物运输数据。

图表5.36 巴西的主要港口（按吞吐量排序）

港口/年度	2000	2005	2006	2007	2008	CAGR2000—2008
桑托斯	800 898	2 336 292	2 488 031	2 577 187	2 574 920	16%
里奥格兰德	217 332	591 207	595 802	607 275	613 700	14%
帕拉那瓜	252 879	378 834	253 202	598 479	595 729	11%
萨尔瓦多	95 307	191 834	214 513	191 015	248 345	13%
维多利亚	91 738	218 267	251 987	267 494	191 316	10%
圣弗朗西斯科	168 355	238 962	218 970	226 806	187 548	1%
苏瓦沛	62 822	179 229	196 709	237 077	122 268	9%

资料来源：ECLAC（拉丁美洲和加勒比经济委员会）：2000 年数据、帕拉那瓜和萨尔瓦多 2005 年数据；ANTAQ（National Agency for Marine Transport）；ING Real Estate Research & Strategy, as of January, 2009. 另外 3 个位列前 10 大港口的伊塔雅伊和塞佩蒂巴没有可用的已更新数据。

进行中。这为提高物流效率提供了相当大的潜力，例如使用圣保罗或里约热内卢作为欧洲和南美洲之间的航空运输的枢纽，并可进一步转运至这一区域的其他城市。

考虑到其基础的推动力，圣保罗和里约热内卢已明显成为对工业房地产最有吸引力的地区（见图表5.37）。圣保罗在工业制造和运输及其附属行业中拥有最大规模的工人，同时，它的工业 GDP 也远远高于国内其他地区。瓜鲁柳斯，圣保罗北部的直辖市并且是其国际机场所在地，也像圣贝尔纳多杜坎普和至少 5 个临近的直辖市一样排名很高。它们中的一些坐落在环绕圣保罗的新环城路上，也是在去往桑托斯的路上，桑托斯是圣保罗大都市区的重要港口，也是重要的工业区。

图表5.37 直辖区的工业房地产排名

总排名	直辖区	工业 GDP 排名	GDP 排名	工业就业排名	运输业就业排名
1	圣保罗	1	1	1	1
2	里约热内卢	3	2	2	2
3	玛瑙斯	4	4	4	5
4	瓜鲁柳斯	8	5	3	4
5	库里奇巴	10	3	6	3
6	圣贝尔纳多杜坎普	7	9	5	7
7	坎皮纳斯	14	6	10	6
8	卡希亚斯公爵城	6	8	18	9
9	贝提姆	5	10	17	14
10	圣约瑟杜坎普	9	12	13	20
11	若因维利	15	17	8	19
12	圣安德烈	17	13	15	12
13	康塔根	23	2	5	11
14	坎普斯·多斯·戈伊塔加泽斯	2	7	28	27
15	容迪亚伊	22	14	14	16
16	卡马萨里	11	20	19	24
17	南卡希亚斯	27	23	7	13
18	赛拉	16	22	20	17
19	马卡市	19	29	25	18
20	圣何塞杜波海斯	25	26	16	21

资料来源：IBGE；ING Real Estate Research & Strategy, as of February 2009.

注：指标的权重如下：工业占 GDP 的 35%，工业部门就业人数占总就业人数的 25%，运输部门（及相关行业）就业人数占总就业人数的 25%，占 GDP 的 15%。工业就业排名是根据在转型产业已就业人数决定的。运输就业排名根据在运输活动中已就业人数决定的。

　　大圣保罗地区是南美洲最大的工业市场。圣保罗的工业和物流物业的总建筑面积估计大约是 1 600 万平方米，在圣保罗工业园区和坎皮纳斯地区的可用面积估计大约是 290 万平方米。由于圣保罗是一个内陆城市，因此位于大都市区和其主要港口城市桑托斯之间的走廊地带就是国内一个相对规模较大的次级市场，圣保罗南部地区大约占全州工业物业存量的 35%。坎皮纳斯是第二大工业枢纽和高科技公司的主要市场。里约热内卢作为国家的第二大都市区是又一个重要的国内和国际物流枢纽。巴西的二线海岸城市也拥有巨大的潜力，特别是考虑到几个大型新建基础设施项目将提升其贸易的效率和竞争性。这些二线市场的普遍特点是缺乏高品质的甲级建筑的供给。

　　整个巴西，目前主要需求的是高品质的高层建筑。目前，工业企业的一个新趋势是从城市中心搬迁到最近建成的在内陆地区的工业园区，其中部分的原因是为了减少成本和寻找更有效率的空间。

　　税收优惠政策也有利于工业活动转移到二线城市，包括坎皮纳斯、库里奇巴、巴伊亚和伯南布哥。在这些地区，土地更便宜也更丰富，虽然劳动力品质很高，但成本更低而且工会的压力较小。

5.4.4　住宅

　　巴西的住宅类别按照特征划分有三大模式。第一，有超过 600 万套的住宅短缺。第二，巴西社会的高度不平等意味着短缺在中低收入阶层、工薪阶层和经济适用住房阶层是最严峻的。第三，近年来货币政策促使利率显著下降（SELIC 利率在 2003 年是 26.5%，到 2009 年 10 月已降低到 8.75%，是历史低点），我们认为这将使住宅业主更能负担得起（见图表 5.38）。

图表 5.38　　　　　　　　　　　　　住宅市场概览

市场因素	市场特征	推动力	未来趋势	商业机会
新发展项目的需求	住宅极度短缺，特别是对低收入群体，但所有权比例相对较高	日益增长的城市人口；住宅数量不足；抵押贷款市场不断扩张	对较高品质住宅的需求将随着全国中产阶级的增加而增长；中小面积的住宅在供给上短缺	全方位的住宅选择的开发，从低收入到豪华型，预期将满足强烈的需求
新开发项目的供给	高度集中在一线和二线城市，并向周边市场扩展	房屋所有权增长，可以获得融资，政府投资	当地开发商正在提升产能并增加专业知识	市区中低收入的住宅供给不足
投资市场支持	较短的项目周期和丰富的资本使现有的参与者具有先发优势	城市人口的增长；居住水平的提升	应该在住宅开发中增强国内和国际的竞争。对最优惠的价格和开发合作伙伴的竞争应该提高。由于存在不道德的开发商，可能需要额外的监管	在全国性和地区性的开发合作伙伴中的实体级投资。为当地的开发商提供资本（优先股）；利用当地的专家

续表

市场因素	市场特征	推动力	未来趋势	商业机会
债务市场	对于房屋业主，可以使用30年的抵押贷款	如果政府和国内银行减少信贷，就存在机会	利率正在下降，使得债务和住宅所有权更易负担	抵押贷款是可能的，但是投资收益可能低于优先股

巴西的住宅短缺是世界上最大的住宅短缺之一，现行的制度正在采取重要的步骤来纠正这一问题。现在已经成功地创建了一个可行的环境，有利于住宅开发商兴建住宅，以及有利于人们获得抵押贷款来购买住宅。特别是对于低收入购买者而言，相关的融资条件已经显著改善。

由于一段时期持续的高利率（超过20%），使业主自主拥有住房的需求受到抑制。住宅连同交通基础设施已成为巴西加速增长计划（PAC）的首要重点。即使在巴西较贫困的阶层中，自有住宅的比例也是很高的，这主要是因为他们的住宅品质较低，而且通常是自己建造的。

此外，牢固的家庭结构支持了日益增长的住宅需求（见图表5.39）。根据EIU的估计，在2008年将组建960 000个新家庭，截至年底，将达到总计5 550万个家庭。这一趋势仍将继续保持强劲，预计到2013年，每年将新增超过900 000个家庭。[①] 继几十年来北美、欧洲和其他地区出现的家庭规模缩小的趋势之后，据观测，最近几十年每个家庭的成员数量将稳定下降。2008年，巴西家庭的平均规模估计是3.5人（北美是2.7人，西欧是2.4人），预计（EIU，June 2009）到2009年将略微下降到3.4人，并将在这一水平保持稳定。[②] 在接下来的几年，这将支持稳固的家庭结构。

图表5.39

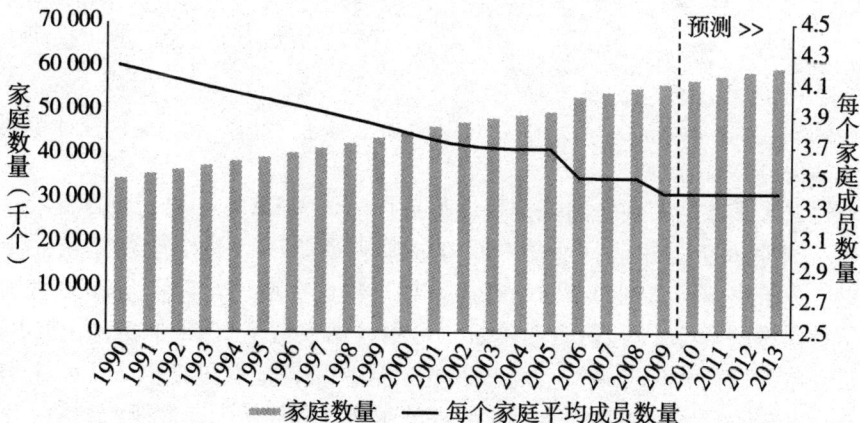

巴西家庭数量及每个家庭成员数量

家庭数量（千个）

每个家庭成员数量

预测 >>

家庭数量 —— 每个家庭平均成员数量

资料来源：EIU；ING Real Estate Research & Strategy, as of June, 2009.

① Economist Intelligence Unit, as of July 2009.
② Ibid.

然而，当地劳动力市场的不确定性，信心的恶化以及通货膨胀或者其他威胁消费者购买力的因素将影响家庭形成的增长率。低收入的部分仍更多地依赖于政府的激励计划和抵押贷款政策。原材料价格的高成本、高波动性、当地水平的供求问题以及某些区域土地价格的不断上涨，应引起关注。

在2008年年底，抵押贷款占巴西GDP不到3%（见图表5.40），并且这一趋势保持到2009年。后者的数据远远低于墨西哥（9%）和智利（13%）的比例。这一相对于其他拉美国家而言较低的抵押贷款普及率更是远远低于亚洲的经济体（中国10%，马来西亚30%，新加坡32%），与发达经济体相比也是一样，例如英国（84%）或美国（85%）。① 除了利率下降，其他抵押贷款条款最近也使住宅所有权更易负担。巴西的抵押贷款专门机构BM Sua Casa在2007年将其"特别利率"的抵押贷款产品延长到了30年期，从而成为巴西第一家提供30年期抵押贷款产品的贷款人。

图表5.40　　　　巴西抵押贷款及抵押贷款占巴西GDP的比例

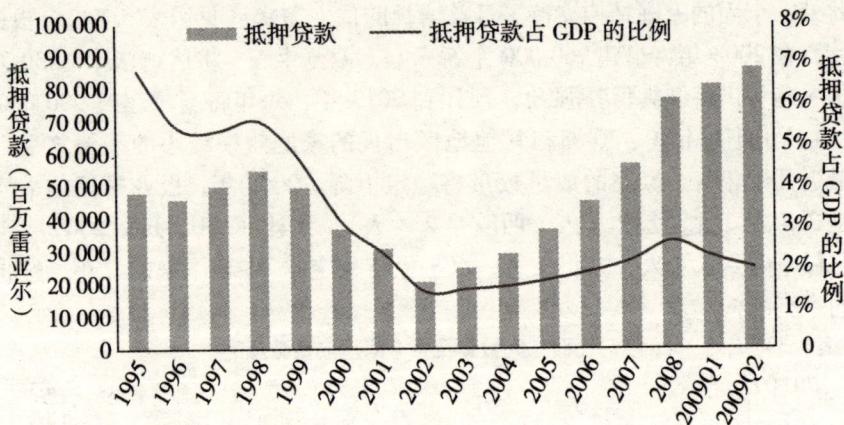

资料来源：Economist Intelligence Unit, Brazil Central Bank, IBGE, ING Real Estate Research & Strategy, as of October, 2009.

在巴西大多数购买住宅的抵押贷款不是直接与SELIC——参考利率相关的。在2007年，建造或获得住宅物业的90%的融资是在SFH（住宅融资系统）下构建的，这一系统由政府监管和补贴。私人市场运作也在增长，它们占2008年发起的抵押贷款总额的35%（包括商业建筑，可用数据仅截至2008年8月，BCB）。为了保证住宅开发商和住宅购买者都能负担得起融资，采取了抵消SELIC上升的干预政策，并显示出政府对这一类别重要性的承诺。我们认为，最新的利率下降趋势将有益于住宅类别的需求。

卢拉政府的联邦改革成为增长的关键因素。有一个要求是每一家私人银行储蓄

---

① 根据EIU和BCB数据计算。巴西的数据截至2008年年底。其他国家的数据截至2007年。

存款总额的 65% 用于为建筑或购买住宅不动产提供融资。但是截至 2007 年年底，所有银行的未偿抵押贷款余额不足储蓄存款的 1/4，远低于法定的 65% 的水平（根据高盛公司，2008）。因此，必须有额外的融资流入这一类别。

此外，为了应对危机，最近政府采用的计划之一是 "Minha Casa, Minha Vida"，联邦政府将投资 340 亿雷亚尔（按照 2009 年 6 月 23 日的汇率计算，约合 170 亿美元）。该计划的目标是联合各州、地方政府和私人投资为给低收入家庭建造的 100 万套住宅提供融资。该项目的目标既支持了住宅需求及家庭为了获得物业的努力，还为住宅开发商提供了融资便利。

近年来，许多房屋建筑公司已经在 Bovespa 股票市场上市，他们将继续应对国内巨大的住宅短缺。在 2005 年和 2006 年，圣保罗的建筑施工有所放缓，但 2007 年又有所恢复。2008 年住宅项目占总许可的 56%（根据圣保罗的 "Prefeitura" ——当地政府），仅比 2003 年的 61% 略有下降。

利率的明显下降和新的有利于住宅类别开发的政府监管，连同对建筑部门的税收减免，成为政府加速增长计划的旗舰。这一恢复有利于公司以中高阶层为目标，低收入住宅类别的建设前景现在看起来更有前途。

自 2005 年巴西的利率下降时开始，有超过 20 家的房地产公司推出了 IPO。最重要的 5 家是 Cyrela Brazil Realty, MRV Engenharia, PDG Realty, Rossi Residencial 和 Gafisa。经过 2008 年，这些开发商中的大部分的收益转为负值，这意味着它们的 IPO 定价太高了。在该类别中可能会出现一些合并以及一些低迷的状况，这可能也带来了机会。考虑到经济和投资的不确定性，这一趋势必须被严密监控，特别是因为在公开市场上的这一趋势通常会引导非上市市场。

2009 年的信贷紧缩显示出在过去几年中这个国家从未经历过的新的挑战和机会。由于贷款人对开发商的财务状况采取了更为谨慎的评估，因此住宅开发商在获得运营资本融资中要面对更为严格的标准。尽管强劲的销售仍在继续，但已经出现了这种状况。

在图表 5.41 中，那些在过去的 20 个月中（到 2009 年第 1 季度）住宅销售速度最快的直辖区——圣保罗、贝洛哈里桑塔和阿雷格里港成为最具吸引力的城市，并且在我们最后一次更新中仍保持相同的状况。我们假设销售速度是这些市场如何出清的合理指标。一般来说销售速度正在下降，同时贝洛哈里桑塔和圣保罗表现出更强的恢复能力。大多数主要城市的销售速度围绕在大约 6% 左右（总的变化范围在 4.6% ~ 7.6% 之间），而这两个超出这一水平的城市继续着更高的比率。数据中的每一个气泡的大小表示的是在过去 12 个月中按人均计算的存量，它意味着越小的气泡代表的是那些有更大建筑潜力或价格相对较高的地区。这一指标比销售速度更为稳定，而且大小（相对的大小）不会像销售速度变化的那样大。根据这一指标，国内最大的两个直辖区仍保持着吸引力。如果我们考虑人均 GDP（ING2008 年的估计值），贝洛哈里桑塔为中等或中等偏低收入阶层提供了一个好机会，而阿雷格里港连同圣保罗和里约热内卢为更昂贵的产品提供了好机会。

图表 5.41　　　　　　　巴西主要直辖区的住宅销售速度

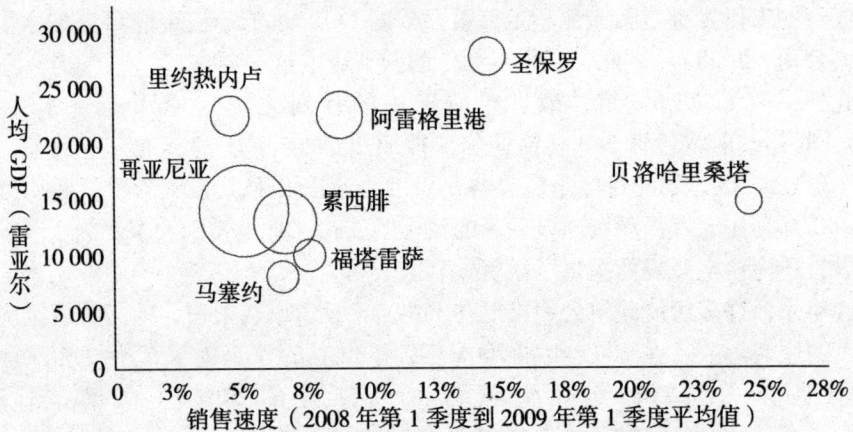

资料来源：IBGE，CBIC，ING Real Estate Research & Strategy，as of June 23，2009.

注：气泡的大小表示在最近 12 个月，2008 年第 1 季度—2009 年第 1 季度，人均可用存量。销售速度=已销售套数/（t-1 期末可销售的存量+t 期推出的套数-t 期售出的套数）。

考虑投资潜力的另一种方法是简单的估计住宅存量的短缺，在图表 5.42 中提供了按照收入类别和地理区域分类估计出的短缺。可以观察到，东南部地区（人口最多的地区）住宅短缺最为严重，对低收入类别尤为严重。

图表 5.42　　　　　　　根据收入和地区估计的住宅短缺

	总套数	住宅套数的百分比（%）	城市套数
北部	652 684	16.7	487 357
东北部	2 144 384	15.0	1 461 669
东南部	2 335 415	9.3	2 222 957
圣保罗	1 234 306	9.6	1 195 800
RM 圣保罗	628 624	10.3	611 936
里约热内卢	478 901	9.1	471 872
RM 里约热内卢	378 797	9.5	376 139
RM 贝洛哈里桑塔	129 404	8.5	129 171
南部	703 167	7.9	617 333
中西部	436 995	10.5	390 447
巴西	6 272 645	11.1	5 179 763

资料来源：Ministerio das Cidades，Fundacao Joao Pinheiro（Deficit Habitacional no Brasil 2007，Table3.1），ING Real Estate Research & Strategy，as of October 2009.

注：RM：大都市区。

5.5 一线市场

正如前文提到的,巴西的投资级房地产市场由两个最大的城市:里约热内卢和圣保罗所主导。除了这些一线市场,还有大量的较小的二线市场可能提供不断增长的投资机会,如贝洛哈里桑塔、库里奇巴、阿雷格里港和巴西利亚。

5.5.1 圣保罗

圣保罗是拉丁美洲最大的写字楼市场,拥有 800 万平方米的可供租赁的写字楼存货,其中大约 220 万平方米,或大约 1/3 被定义为甲级/双甲级。市场的大约 40% 是乙级,剩下的是丙级。甲级写字楼分散在整个城市中,但是其中的大部分坐落于 4 个次级市场:保利伊斯塔、法利亚利马、玛吉诺和贝里尼(见图表 5.43)。新的存货继续在可持续的水平上开发。

图表 5.43   圣保罗的存货分布

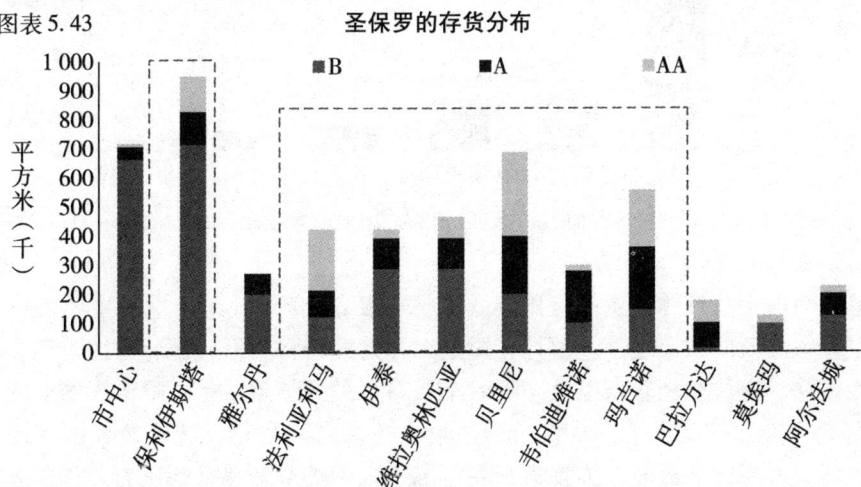

资料来源:Jones Lang Lasalle, ING Real Estate Research & Strategy, estimates as of December 2008.

圣保罗最大数量的写字楼空间是在城市的地理和历史中心。但是,存货中的绝大多数是乙级和丙级写字楼,其中大部分是在巴西上一个发展时期 20 世纪 60 年代或 70 年代建造的。对于国际机构而言,它们不是投资级的。许多更小更新的写字楼区已经出现,贝里尼是双甲级写字楼面积最大的地区。

根据 CBRE 的"Global Market View",截至 2009 年 5 月,由于经济的低迷和货币的贬值已经将圣保罗推向了世界排名第 33 位的最贵的城市。根据全球标准,圣保罗仍然可以负担,其租金是世界上租金最贵的地方(东京)的 1/3。但是,之前一些年的良好表现使得圣保罗保持着比其他新兴国家(如捷克共和国、波兰和韩国)以及一些发达市场(如多伦多和华盛顿)更高的租金。

5.5.2 里约热内卢

在里约热内卢有超过 500 万平方米的可出租的写字楼空间。其中大约 25% 属于甲级空间（图表 5.44）。由于里约热内卢位于海洋和山区之间的地带，缺乏大量的甲级和双甲级写字楼空间，因此其中央商务区（CBD）受到限制，在市中心无法找到高品质空间的公司已经转移到欧拉的二线最大的次级市场或蒂如卡沙州这一新的海边商务区。新城和束苏是另外拥有甲级存货的小型次级市场。在里约热内卢中心城区重新改造的低级别写字楼是一个潜在的引人注目的投资策略。

图表 5.44　　**里约热内卢写字楼存货的分布以及次级市场的空置率**

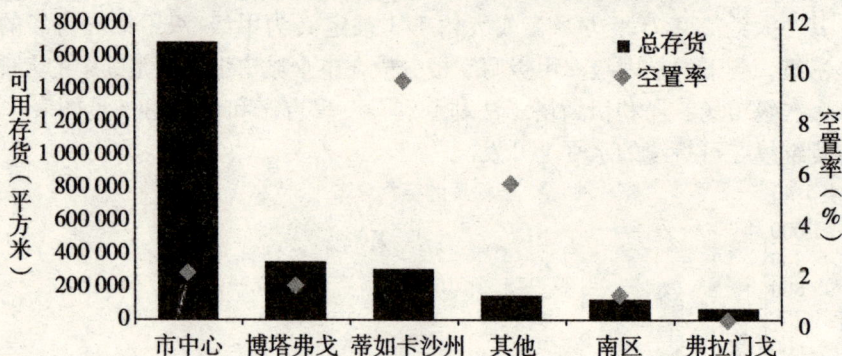

资料来源：CBRE MarketView Rio de Janeiro Office 2Q 09，ING Real Estate Research & Strategy，as of September 15，2009.

里约热内卢的整体空置率是比较低的——仅有 2.8%，是全世界主要市场中写字楼空置率最低的城市之一。预计在短期内开发途径将更低，部分是由于开发的融资较为短缺。交付途径较低以及净吸收率相对强劲的结果就是一般市场的空置率在 2009 年初下降到较低水平。尽管市场趋紧，在未来几个月，疲软的经济活动可能推迟对新交付空间的吸收。大规模开发可能给未来的空置率带来压力。

5.6　投资策略

5.6.1　购买/开发写字楼物业

预计写字楼类别在圣保罗和里约热内卢的一些主要的次级市场将经历有利的发展环境。拥有信誉卓著的承租人的优质写字楼大厦将继续受到追捧，但短期内的需求很可能会减弱。巴西的租赁法允许承租人在某些情况下结束租约，无论租赁期的长短，因此这种租赁绝不会完全固定，特别是在现在的经济环境中。一些被租赁法在监管中排除的例外是定制项目和其他协议，如强制仲裁等。

在空置率较低的次级市场中，增值的机会可能会产生于对低级资产的改造。大多数的开发出现在特定的市场，通常是在远离城市中心的新商业区。因此，一些密集的城市中心区仍保持着过时的建筑。然而，这些地点交通便利、租金相对较低，对许多公司来说最具吸引力。因此，我们认为在这一地区翻新升级现有的建筑很有可能会有强劲的需求。还有一个机会是在具有良好需求前景的优质地段合作开发写字楼。承租人多元化以及密切关注市场分化是可取的。较高环境标准的价值增值能够迎合某些，特别是在巴西经营的跨国公司的需求，它们对在其母国物业环保标准的要求也越来越高（见图表 5.45）。

图表 5.45   **购买/开发写字楼物业**

因素	评论
风险因素	大多数甲级物业是分层所有权持有，使得谈判非常困难，退出策略更为复杂。承租人明显比在其他发达国家享有更多的权利，包括单方面终止租赁合约的能力。这些代表了额外的风险，因为现金流量并不像在其他国家那样确定。漫长的尽职调查和协商过程转化为延长数月的关闭期，导致交易告吹。所有权和尽职调查质量不一
执行和实施	单一所有权租赁模式在巴西仍是一个相对较新的概念。直到市场适应这种做法之前，它们仍将阻碍市场的吸引力。许多大型的公司承租人只要屈就于相对低品质的空间，并没有显示出提升到机构级品质物业的需要。投资需要大量的调查、谈判、尽职调查，然后做许多工作将资产提升至国际水平。所有这些是管理密集型工作
收益	目前的收益率在 9%～11% 之间。近年来，资本升值很强劲，吸引了越来越多的国际投资
监管/法律	租赁法允许承租人在某些情况下结束租赁关系，限制现金流的可确定性
市场规模	只有有限数量的机构级资产，主要位于圣保罗和里约热内卢。由于分层所有权以及设计和建筑低水平的特点，可投资的核心写字楼资产的数量进一步受到限制。可以预期大量的新开发项目，这是许多国际资本进入市场的首要切入点
竞争力	在一线和二线市场上活跃着大量的当地开发商，但是没有一个能控制主要的市场份额。国际房地产基金在筹款和投资方面已经有了一定的增长
进出市场障碍	缺乏现有的机构级品质的写字楼产品是当前的主要障碍，同时还受到分层所有权的限制。预计经过一段时间，有机会改进准入和退出。较长的勘察、尽职调查和关闭期是常态

5.6.2　购买/开发住宅物业

在巴西，外国投资已经通过与当地的开发商或建筑公司成立合资公司的形式进入住宅行业。在大型城市中具有为住宅开发商融资的潜力。

首要关注的是中产阶级的住房，因为这一阶层拥有充分的可支配收入，这是一个正在不断扩大的阶层，并且它的收入水平也在不断上升。但是，针对稍高的社会经济阶层（拥有更高的可支配收入）和稍低的社会经济阶层（估计这一部分的住宅短缺会更大）的项目应该也是具有吸引力的。应该优先考虑那些销售速度较高和存货人口比率较低的地区。在较低收入阶层中存在着大量的住宅短缺，因此上市公司或其他非上市住宅开发商在这一大规模的市场上的良好表现显示出应及时地将发行股票或类似股票的金融工具作为一种策略。在巴西，住宅开发商正在快速扩张并且在高速配置股权。进一步发行股票的条款将帮助其补充继续扩张的计划。尽管最近经济下滑，但巴西的收入水平仍在增长，而且住宅短缺严重，因此可以预计经济下滑并不会改变住宅类别的中长期前景。

在基础设施良好的地区开发的住宅项目——接近那些城市的中心城区和就业区——应该是寻求价值的重点。和零售物业一样，有必要在次一级地方政府的层面对支持特定区域的开发给予更多的细节关注。住宅单元的定价水平必须适应于当地人口发展推动的需求（见图表 5.46）。

图表 5.46　　　　　　　　　　　　　　**购买/开发住宅物业**

因素	评论
风险因素	经济的下滑在短期内限制了潜力，但是在中长期，强劲的人口和收入的增长再加上信贷可获得性的增强应该会推动需求的增长
执行和实施	为了在土地资源、授权、建筑和融资方面获得经验，与当地有经验的合作者合作对于成功是必需的
收益	收益可能非常高，但是风险也很高，而且投资周期一般比其他的开发项目策略要长一些。一些风险可以通过预售来降低，这种方式在位置好、定价合理的开发项目中已经获得巨大成功
监管/法律	由于策略很可能涉及与当地公司合作，因此法律问题主要是围绕交易结构，而不是物业的所有权来进行的
市场规模	相对于现在和未来的人口而言，住宅存在巨大的供应不足。不断增长的中产阶级尤其需要住宅的选择，但是在高端和低端市场还是有短缺
竞争力	国内企业已经成功加入了市场，尤其在中等收入阶层
进出市场障碍	较长的勘察、尽职调查和开发周期。要求明显的实际存在。退出非常容易，特别是在预售成功的时候

5.6.3 购买/开发零售物业

预计更高的可支配收入和私人消费可以在中长期支持零售物业。短期的前景相对疲软，但是我们认为这一类别的承受能力似乎优于预期以及其他主要市场。此外，中产阶级的扩大有助于提升收入水平，这将有可能在长期创造面对更广泛公众的购物中心，但是在短期，消费者的行为可能更加谨慎。坐落在人口密集区的优质地点的优质购物中心有望从强劲的人口增长和经济发展中获益。但是，在巴西，优质的地点似乎供给比较充裕，而在当前，购物中心的消费者基础有限。因此，选择在中等规模的城市开发规模较小但收入相对较高的项目能够获得支持。

虽然零售物业的收益率可能低于其他类别，但它仍是一项收益颇具吸引力的物业类型。但是考虑到市场的结构，即强大的当地参与者和来自国际投资者——作为巴西购物中心类别整合阶段的一部分——激烈竞争的存在，进入市场的最佳途径就是通过与知名零售商或当地开发商签订合资协议，或是买断少数合作者和小型投资者。

应该优先在当前 GLA 与购买力不匹配的地区寻找投资机会，主要是在较富裕地区的二线城市。必须要慎重考虑每一个市场/次级市场的开发模式。随着住宅建设在全国许多地区快速增长，家庭耐用消费品的零售商应该为越来越多的承租人提供服务。越来越多的巴西人从超市和大型综合超市购买食品杂货，其与巴西的城市人口长期购买这些商品的街边小店相比具有较强的价格竞争力。与当地开发商合资似乎是一个不错的选择，特别是在需要获得特殊产品批准的时候（见图表 5.47）。

图表 5.47　　　　　　　　　　　购买/开发零售物业

因素	评论
风险因素	租赁期短以及承租人可以终止租赁限制了现金流的可靠性。虽然仍低于一些相似的发展中国家的零售水平，但是已有相对大规模的新开发计划。强大的当地市场参与者和国际竞争已经在市场中建立起来
执行和实施	缺乏可以购买的机构级资产。应关注当前零售空间和购买力不匹配的市场，特别是在一些二线市场尤为明显
收益	由于这一类物业的竞争增强，因此与其他类别相比，预计零售空间的收益率相对较低。但是近年来，强劲的资本升值显然有助于提高总收益
监管/法律	租赁法允许承租人在某些情况下终止租赁关系，这限制了现金流的确定性
市场规模	圣保罗有最大的购物中心供给，占到了巴西总存量的近40%。虽然开发渠道很大，但人均零售物业空间要低于许多具有可比性的发展中国家
竞争力	无论是零售商还是投资者，国际参与都在增加
进出市场障碍	较长的勘察、尽职调查和关闭期。退出的障碍极小，且有望改善

5.6.4 购买/开发仓储配送物业

一个普遍的全球趋势是自用业主出售并回租他们的设施；这一趋势在北美很强劲并在欧洲获得青睐。然而，这一趋势已经在巴西已经表现得很明显。直到最近，巴西才明显地出现了持有顶级物流设施的大型机构投资者。大多数当地或跨国物流运营商倾向于建造其自己的设施。对于给大型配送公司提供高品质物业，建议采用定制建造和出售回租策略。与在巴西有扩张计划的国际物流运营商合作经营也是可行的。

全球的经济下滑已经影响了巴西的工业物业。但是，考虑到信心指数的改进以及主要机构的预测，我们认为这将是一个短期的危机，很有可能已经触底。因此，我们认为巴西对于某些工业投资而言仍是具有吸引力的地区。圣保罗州是全国主要的工业枢纽，对于生产活动最为重要。考虑到庞大的人口，它还包括了巴西消费的较大比例。因此，这里很有可能使批发商和零售商将其配送活动集中在这里的。遍布全国的港口和机场的扩张显示出巨大的潜力，同时正在开发中的多模式交通枢纽、高速公路和环形公路成为不可缺少的区位优势。考虑到人口规模以及作为一个消费核心的重要性，里约热内卢已经成为另一个重要市场（见图表5.48）。

图表5.48　　　　　　　　　　购买/开发仓储配送物业

因素	评论
风险因素	巴西的工业物业市场仍然相对欠发达，这一类别中的大部分设施是业主自用的。配送设施很小，并且与欧洲或北美的设施相比，技术含量较低，限制了现有设施对机构投资者的吸引力
执行和实施	在市场中引入定制建造和出售回租策略。与国际公司合作在全国建立配送系统
收益	巴西的工业物业收益率在2008年年底保持在相对较高（12.75%）的水平上，这代表了超出巴西其他类别以及全世界许多发达和新兴市场国家的溢价
监管/法律	租赁法允许承租人在某些情况下终止租赁关系，这限制了现金流的确定性
市场规模	资产集中在圣保罗州，包括城市与海岸之间的区域。机构级的仓库少于1/4。二线市场的机会可能更引人注目，对新开发的限制更低
竞争力	由国际房地产基金和工业REIT进行的筹资和积极投资正在增加
进出市场障碍	较长的勘察、尽职调查和关闭期。由于地形的限制，接近人口稠密区的用于工业开发的土地较为稀缺

附录 A　国家风险

国家	IMF 2007 年人均 GDP（美元）	世界银行 2007 年 GDP（10 亿美元）	IMF 2008 年（估计）通货膨胀（%）	弗雷泽机构 2005 年 EFW 率
高收入				
卢森堡	104 673	47.9	2.89	7.8
挪威	83 922	382.0	3.12	7.5
冰岛	63 830	19.5	5.50	7.8
爱尔兰	59 924	255.0	3.21	7.9
瑞士	58 084	415.5	2.00	8.3
丹麦	57 261	308.1	2.30	7.7
瑞典	49 655	444.4	2.80	7.5
芬兰	46 602	246.0	2.80	7.8
荷兰	46 261	754.2	2.35	7.7
美国	45 845	13 811.2	3.02	8.1
英国	45 575	2 727.8	2.50	8.1
奥地利	45 181	377.0	2.80	7.6
加拿大	43 485	1 326.4	1.60	8.1
澳大利亚	43 312	821.7	3.55	7.9
阿拉伯联合酋长国	42 934	129.7	9.04	7.7
比利时	42 557	448.6	3.06	7.2
法国	41 511	2 562.3	2.50	7.0
德国	40 415	3 297.2	2.50	7.6
意大利	35 872	2 107.5	2.47	7.0
新加坡	35 163	161.3	4.70	8.8
日本	34 312	4 376.7	0.62	7.5
科威特	33 634	102.1	6.48	7.3
西班牙	32 067	1 429.2	3.99	7.1
新西兰	30 256	129.4	3.39	8.5

图表 A.1　基于收入水平的国家风险

续表

国家	IMF	世界银行	IMF	弗雷泽机构
	2007 年人均 GDP（美元）	2007 年 GDP（10 亿美元）	2008 年（估计）通货膨胀（%）	2005 年 EFW 率
中高收入				
拉脱维亚	11 985	27.2	15.30	7.5
克罗地亚	11 576	51.3	5.54	6.4
立陶宛	11 354	38.3	8.27	7.5
波兰	11 041	420.3	4.11	6.9
智利	9 879	163.9	6.58	7.8
土耳其	9 629	657.1	7.54	6.2
俄罗斯	9 075	1 291.0	11.41	5.8
墨西哥	8 479	893.4	3.77	7.1
罗马尼亚	7 697	166.0	7.00	6.4
乌拉圭	7 172	23.1	7.40	6.9
马来西亚	6 948	180.7	2.43	6.8
巴西	6 938	1 314.2	4.77	6.0
阿根廷	6 606	262.3	9.18	5.4
南非	5 906	277.6	8.66	6.8
中低收入				
秘鲁	3 886	109.1	4.20	7.2
泰国	3 737	245.8	3.52	6.8
哥伦比亚	3 611	172.0	5.50	5.8
乌克兰	3 046	140.5	21.92	5.8
中国	2 461	3 280.1	5.86	6.3
印度尼西亚	1 925	432.8	7.12	6.3
菲律宾	1 625	144.1	4.44	6.6
印度	978	1 171.0	5.18	6.6
低收入				
赞比亚	918	11.4	6.64	6.7
越南	818	71.2	16.00	6.1
加纳	676	15.2	8.90	6.2
孟加拉国	455	67.7	9.30	6.0

资料来源：ING Clarion Research & Investment Strategy；IMF；World Bank；and The Fraser Institute.

附录 B　中国房地产市场惯例

图表 B.1	中国房地产市场的关键术语和管理
标准计量单位	
计量单位	计量标准是平方米（sqm）
建筑面积报价	在中国，大多数写字楼是按照总面积（建筑面积）报价，很小的比例是按照使用面积或净面积报价 最普遍使用的定义是： ● 总面积——外墙外周内的所有面积，包括墙体的厚度、服务核心区、电梯大厅、乘客和服务电梯井、楼梯、洗手间、茶水间以及机械和电力区域 ● 净面积——一个写字楼楼层的地面面积，加上以上区域，但除去所有的服务核心区。通常，在上海是总面积65%～75%，北京是70%～75%，广州是70%
运营成本	
租金	在上海，租金一般是以美元按总面积每日每平方米报价；在北京，是以人民币按总面积每月每平方米报价，虽然有时是以美元报价，但是租金都是用人民币支付，一些业主现在也开始在其合同中以人民币报出租金率了；在广州，租金是以人民币按每月每平方米报价 每月或每季度预付 对于美元租金，一般参照中国人民银行公布的汇率用人民币支付
管理费	在上海，甲级建筑的管理费一般是以美元按总面积每日每平方米报价，在北京和广州是以人民币按每月报价 这是租金的补充，也是每月或每季度预付 在租赁期间，一般会有审查管理费的规定
公共设施	电费和通信费是单独计量的，由承租人直接支付 在大多数商业建筑中，水费包括在物业管理费中（在国内的物业中，承租人支付水费）
保险	对建筑保险没有经验法则，但是，通常承租人通过投保第三方责任险来保障自己的物业，已建成的管理良好的建筑业主会为建筑投保

泊车位	泊车位是限量供应的，并且按月收费，以美元或人民币报价，用人民币支付；某些情况下，泊车位可以购买
政府费率	承租人必须支付租赁合同的印花税，但他们不用为物业支付任何税费
税收	物业税由业主支付，并根据原始购买价格减去每年20%的折旧后按照每年1.2%的税率征税；只有收到租金收入的物业才需支付；另有一项租金收入12%的物业税由出租人支付 在北京和上海，印花税是合约价值的0.1%，由租赁双方共同支付；在广州，印花税是合约价值的0.2%，由租赁双方共同支付
购买物业土地所有权	在中华人民共和国，所有土地都属于国家 国家根据用途授予土地使用权一定年限。土地使用权利通常授予： 用途　　　　　　　　　　　　　　　　　　土地使用权年限 商业、旅游/休闲　　　　　　　　　　　　　40 年 综合开发（具有零售/住宅成分的写字楼）　50 年 教育、科学和文化　　　　　　　　　　　　50 年 住宅　　　　　　　　　　　　　　　　　　70 年 工业　　　　　　　　　　　　　　　　　　50 年
外资所有权	对于外国投资者或最终用户购买获得许可的土地权利没有限制
分层所有权（建筑的部分所有权）	在中国，"出售"或"分层出售"建筑的一部分是一种普遍现象虽然可以要求业主签署一份业主公约对物业管理、维修和保养进行管理，但这类建筑的管理极为不同，通常比单独所有权开发的水平要低
中介机构费用	购买费用一般在收购价格的1.5%～2%之间
法律费用	通常的做法是双方各自负担己方在物业交易中涉及的法律费用
契税	这一税费在物业购买时支付，税率是合约总价值的3%
物业转让费	由买方支付合约价值的0.5%
印花税	一般由合约涉及的双方共同承担合约价值的0.03%，在广州，这一税率是0.05%

资料来源：Jones Lang Lasalle, Corporate Occupiers' Guide, 2006.